당신의 삶을 바꾸는 50일

비전 가지기(vol. 1)

(50 days for a Firm Foundation)

50 days for a Firm Foundation

Copyright © 2000 by Rick Joyner
Published by MorningStar Publications & Ministries
P.O. Box 440, Wilkesboro, NC 28697
All Rights Reserved
Printed in the United States of America

All Rights Reserved
Korean Copyright © 2006 by Grace Publisher
178-94 Soongin 2dong Jongro-ku Seoul Korea

당신의 삶을 바꾸는 50일

비전 가지기 (vol. 1)

릭 조이너 지음 | 정한출 엮음

50 days for a Firm Foundation

Contents

서론 | 11

01 day   태초 | 19
02 day   계획 | 25
03 day   운행하시는 성령 | 29
04 day   빛 | 35
05 day   분리 | 39
06 day   날 | 45
07 day   하늘 | 49
08 day   열국 | 53
09 day   씨 | 57
10 day   빛 | 63

11 day   생명 | 67
12 day   풍성한 생육 | 73
13 day   다양함 | 77
14 day   왕관 | 83
15 day   권세 | 89
16 day   연합 | 93
17 day   임무 | 99
18 day   안식일 | 103
19 day   하나님과 인간 | 109
20 day   노동 | 115

21 day	시험	121
22 day	교제	127
23 day	결혼	131
24 day	떠남과 한 몸이 됨	135
25 day	열린 마음	139
26 day	질문	145
27 day	함정	151
28 day	속임을 당함	157
29 day	타락	161
30 day	가리기	167

31 day	기만	173
32 day	두려움	179
33 day	음성	185
34 day	타락이 더 깊어짐	189
35 day	뱀에 대한 저주	195
36 day	여자에 대한 저주	199
37 day	남자에 대한 저주	205
38 day	가려 주심	211
39 day	쫓겨남	217
40 day	제사	223

41 day	죄와 우울증	227
42 day	시기와 살인	233
43 day	땅으로부터의 저주	239
44 day	주님의 곁을 떠남	243
45 day	여호와의 이름을 불렀더라	249
46 day	하나님과 동행하기	255
47 day	노아와 네피림	259
48 day	심판	263
49 day	언약	267
50 day	바벨론으로부터 아브라함까지	271

서론

본 신앙 수양서는 50일 동안에 여러분들의 영적 삶의 기초를 세우고 세워진 기초를 강하게 하기 위해 고안되었습니다. 이 기초는 우리들과 하나님과의 개인적인 관계, 우리와 하나님의 백성과의 관계, 우리와 세상과의 관계, 그리고 성경을 깊고 정확하게 이해할 수 있는 기초로 구성되어 있습니다. 이것을 요약해 보면 주님을 사랑하고, 이웃을 사랑하고, 하나님의 방법 안에 있는 지식으로 성장하는 것이라고 할 수 있습니다.

어떤 것이든지 가장 좋은 출발점은 처음부터 시작하는 것입니다. 그래서 나는 이 공부를 창세기부터 시작하려고 합니다. 창세기는 주님에 대한 계시와 그분의 방법이 아주 깊게 기록되어 있기 때문에 평생을 공부해도 자세히 구명(究明)할 수 없을 정도입니다. 특별히 창세기의 처음 두장은 마치 우물 물을 길어올리듯이 파면 팔수록 새로운 것이 나오기 때문에 이해하는데 끝이 없어 보입니다. 창세기에는 복음의 메시지가 미리 선포되어졌고 그리스도께서 재림하셔서 다스리시며, 이 땅을 회복하실 왕국의 영광스런 결론이 기록되어 있습니다. 이 엄청난 기초 위에 나머지 성경이 만들어졌고, 깊이를 헤아릴 수 없는 영광스러운 하나님의 방법이 계시되어 있습니다.

우리의 근본적인 탐구는 하나님과 그분의 방법을 알기 위한 것입니다. 만약에 우리가 그분을 알게 된다면, 우리는 그분을 사랑할 수 있게 됩니다. 하나님을 많이 알면 알수록, 더욱더 영광이 넘치는 분이신 것을 알게 될 것입니다. 우리가 어떻게 할 수는 없지만, 그분의 창조를 사랑하게 될 것입니다. 왜냐하면 하나님의 창조는 그분의 본성이 반영되어 있기 때문입니다. 우리의 사랑은 그분의 창조의 영광 중에 속한 사람들을 사랑하는데까지 자라게 될 것입니다. 비록 죄와 반역 때문에 인간의 영광이 손상되었기는 하지만, 하나님은 인간을 하나님의 형상으로 만드셨기 때문에 우리가 올바르게 보는 방법을 알기만 하면 다른 사람을 통해서 하나님의 형상을 볼 수 있게 됩니다. 그렇게 되면 사람들을 더 깊고 더 효과적으로 사랑을 할 수 있습니다. 이 사랑은 하나님께서 우리들의 삶 속에 계획하신 숙명적인 고귀한 사랑입니다.

여기서 반드시 강조해야 할 것이 있는데, 내가 창조의 깊은 의미를 찾고 비유적 의미를 찾는다고 해서 창세기에 기록된 하나님께서 온 우주 만물을 창조하신 문자적이고 실제적인 기록이 의미가 없다는 것은 절대로 아닙니다. 율법과 예언서들도 실제적인 기록을 은유법과 비교법을 사용하여 기록하였고, 나는 성경 자체가 세운 지침대로만 따르려고 노력할 뿐입니다.

창세기에 사용된 모든 은유법은 성경의 다른 부분에서도 발견할 수 있고 그 의미들은 확실하게 확립되어 있습니다.

그렇지만 우리가 주의해야 할 것은 성경에 사용된 은유법을 사용하여 교리를 만들어서는 안 된다는 점입니다. 성경에 사용된 은유법들은 분명하고 문자적인 성경의 말씀을 토대로 만들어진 올바른 교리를 설명하고 확인하는 강력한 도구로써 사용해야 할 것입니다. 이것이 바로 다윗 왕이 하나님의 장막에서 향을 드리는 것을 기도하는 것으로 표현한 것입니다(시 141:2). 사도 바울 역시 이스마엘과 이삭의 어머니를 두 가지 언약을 묘사하는 것으로 인식하였습니다(갈 4:24). 우리는 만약 창세기에 나오는 두 여인이 비유적으로 심오하게 두 언약을 나타내고 있다면, '창세기의 나머지 이야기들이 나타내고 있는 것이 얼마나 많겠는가?' 라는 질문을 던질 수 있습니다.

그러나 성경의 비유적인 의미만을 이해하려고 성경을 연구하다보면 위험에 빠질 수 있습니다. 가장 근본적인 함정 중의 하나는 성경 해석을 모든 것에 자유롭게 연관시켜 사용하게 되는 것입니다. 이렇게 성경을 사용하게 되면 사용하는 사람이 의도한 대로 성경을 자기에게 편한 대로 자유롭게 해석하여 모든 것에 사용하게 되고, 이러한 것이 바로 성경 해석의 오류를 범하게 되는 근본적인 문제점이 되는 것입니다. 우리는 우리가 원하는 대로 성경을 해석하여 말하는 것이 아니라 주님께서 의도하신 대로만 해야 합니다. 성경은 비유적으로 기록되었기 때문에 우리가 성경에 기록된 비유들을 정확하게 이해하기 위해서는 먼저 선적으로 문사적인 해석에 충실해야 하고, 그런 다음에 성경 스스로가 성경에 기록된 비유를 어떻게 증거하고 있는지를 살펴보아야 합니다.

예를 들면, 다윗은 시편 141편에서 향을 '기도'라고 암시하고 있는데, 우리는 모세가 이를 어떻게 이해했는지 알 수 있습니다. 그러므로 고라의 반역 후에 재앙이 이스라엘 진영을 휩쓸기 시작할 때, 모세는 아론에게 재앙을 멈추게 하기 위해 향을 가지고 진영의 중간으로 나아갈 것을 지시하였습니다(민 16장 참조). 이것은 모든 세대에게 기도가 사람을 죽이는 재앙을 멈추게 할 수 있다는 것을 가르쳐 주는 메시지인 것입니다.

성경을 이해한다는 것은 하나님께서 우리에게 향한 계획을 더 깊이 알게 되어 기뻐하게 되는 것만을 의미하는 것이 아니라, 우리가 그분의 위대한 계획을 위해 더 효과적으로 사용되어야 하는 것입니다. 우리가 더 많은 빛을 가지면 가질수록, 어두움에 결박된 사람들에게 더 많은 빛을 비추는 역할을 해야 합니다.

고린도전서 2장 10절은 우리에게 "오직 하나님이 성령으로 이것을 우리에게 보이셨으니 성령은 모든 것 곧 하나님의 깊은 것이라도 통달하시느니라"라고 말하고 있습니다. 우리가 성령을 소유했으면, 하나님의 방법을 찾으려는 간절함이 있어야 하고, 그분의 진리 속에 우리의 뿌리를 깊게 내려야 하고, 그분께 더욱더 가까이 나아가야 합니다. 우리가 그분께 가까이 나아가고 그분 안에 거하게 되면, 우리는 더욱더 많은 열매를 맺을 수 있게 됩니다.

선행이 동반되지 않는 지식은 하나님의 본성에 반대되는 오만함을 만들어 냅니다. 참된 성령의 사역과 함께 하는 지식은 겸손함을 만듭니다. 그러므로 우리가 모든 것을 부분적으로만 알고 있기에 항상 그분을 더욱더 찾아야만 합니다. 본 공부를 통해 여러분이 하나님을 더 많이 알게 되기를 목말라하고, 그분의 방법에 관해 더 깊은 지식을 갖게 되기를 바라는 것이 여러분을 향한 저의 기도입니다.

때때로 과다하게 성경 구절을 인용하는 것과 가끔씩 사용하는 통찰력에 대해 여러분의 이해와 양해를 구합니다. 그러한 것들은 기억하도록 하기 위해 의도적으로 사용하거나 앞부분의 생각과 연결하기 위해 사용한 것입니다.

본 신앙 수양서를 통해 제가 의도하는 전체적인 메시지는, 천지창조의 날들에 하나님의 목적과 계시가 풍성하였던 것처럼, 날마다 우리들의 삶도 그와 똑같아야 한다는 것입니다. 출애굽기 16장 4절에서 우리는 다음과 같은 말씀을 읽을 수 있습니다.

"그 때에 여호와께서 모세에게 이르시되 보라 내가 너희를 위하여 하늘에서 양식을 비 같이 내리리니 백성이 나가서 일용할 것을 날마다 거둘 것이라 이같이 하여 그들이 내 율법을 준행하나 아니하나 내가 시험하리라"

이 시험은 지금도 하나님을 따르는 모든 사람들에게 진행되고 있는 시험입니다. 우리는 날마다 '신선한 빵'을 거두고 있습니까? 참되게 하나님을 찾는 사람들은 그분에게 너무 중독이 되어서 매일 아침 그들의 첫 번째 생각이 그분을 찾는 것이며, 그분께로부터 그날을 위한 신선한 계시를 받는 것입니다. 예수 그리스도께서 마태복음 4장 4절에서 "사람이 떡으로만 살 것이 아니요 하나님의 입으로부터 나오는 모든 말씀으로 살 것이라"라고 말씀하셨습니다. 마태복음 4장 4절에서 사용하고 있는 동사 '나오는'의 시제를 주의 깊게 관찰해야 하는데 과거 시제인 '나왔던'이 아닌, 현재 시제인 '나오는' 사실입니다. 이는 날마다 하나님으로부터 공급받는 신선한 말씀을 말하는 것입니다. 우리는 이 신선한 말씀 없이 영적인 삶을 살 수 없습니다.

비전 가지기 *(vol. 1)*

50 days for a Firm Foundation

DAY 01

태초

"태초에 하나님이 천지를 창조하시니라" (창 1:1)

시작을 이해하는 것이 이해하는 시작이 됩니다. 성경의 첫 번째 요절은 그 동안 쓴 글 중에 네 개의 가장 중요한 단어를 포함하고 있습니다. 그 단어는 〈In the beginning God(태초에 하나님이)〉입니다. 성경의 이 첫 번째 요절을 이해하는 것은 모든 진리의 토대가 되는 것을 근본적으로 이해하는 것입니다. 우리가 종말에 대해 알려거나 또는 우리의 현재 목적이 무엇인지 깨닫기 전에 먼저 태초를 반드시 이해해야

비전 가지기

만 합니다. 왜냐하면 태초 위에 모든 것이 세워져 있기 때문입니다.

〈태초에 하나님이(In the beginning God)〉 이 네 단어는 평생을 통해 연구할 가치가 있는 것이며, 이것을 기초로 해서 영원한 예배를 찾을 수 있게 될 것입니다. 우리는 그분으로 인하여 모든 것에 대해 은혜를 입고 있습니다. 그분만이 우리의 예배와 경건을 받으실 가치가 있으신 분입니다.

마지막 때에 가장 열띤 철학적인 논쟁 역시 여전히 우리들의 기원에 관한 것이 될 것입니다. 이것이 이해가 되는 것은 다름이 아니라 우리가 이 태초에 관한 질문을 정확하게 답할 수 있다면, 모든 질문에 대해서 올바른 대답을 할 수 있기 때문입니다. 만약에 잘못된 답변을 하게 된다면, 어두움과 현혹됨에 빠지게 될 것입니다.

기초가 얼마나 튼튼한가에 따라 얼마나 높은 건물을 지을 수 있는가가 결정되는 것처럼, 우리의 기원에 관한 이 한 가지 질문에 대한 이해 여부에 따라 우리들 전 생애의 영적 강약이 결정되게 됩니다. 우리의 시작이 하나님에 의해서 시작되었다는 것과 하나님께서 그분의 목적을 위해서 우리를 만드신 것을 이해하게 된다면, 하나님께로 돌아오지 않을 수 없게 됩니다. 우리의 시작에 대한 진리는 또한 모든 진리의 시작입니다. 그분께서 우리를 만드셨으므로 우리는 그분의 것입니다. 그러므로 그분의 목적과 계획이 반드시 우리를 안내해 주어야만 합니다.

하나님께서 우리를 만드셨다면 우리는 더 이상 우주의 중심이 될 수 없습니다. 하나님의 중심이시기 때문입니다. 예수님은 알파와 오메가이시며 처음과 나중이십니다. 예수님은 '스스로 있는 자(I am)'이십니다. 모든 것이 그분 안에 들어 있게 됩니다. 마치 모든 나침반이 자석의 북쪽을 가리키는 것처럼, 모든 것이 결국은 진리의 자극 되신 예수님께로 향하게 됩니다. 이 진리의 자극이 우리 안에 있을 때, 우리는 모든 결정을 그분의 뜻대로 할 수 있게 됩니다. 모든 것이 그분께로부터 왔고 결국 모든 것이 그분께로 되돌아가게 됩니다. 우리를 만드신 분께 되돌아가는 것과 모든 것으로 그분을 섬기는 것 바로 이것이 우리의 숙명이며 우리 삶의 목적입니다.

또한 태초를 올바르게 이해하는 것은 모든 시작의 중요성을 함축하고 있습니다. 우리가 어떻게 하루를 시작하느냐에 따라 그 하루의 질이 결정되게 되는 것입니다. 우리가 결혼을 어떻게 시작하느냐는 굉장히 많은 부분에 걸쳐 결혼의 질을 좌우합니다. 아울러 직장 생활의 시작과, 목회 및 벤처사업을 어떻게 시작하느냐에 따라 그것들의 기초를 결정하게 되는 것입니다. 대체로 어떤 것을 어떻게 시작하느냐가 그것이 끝날 때 그것의 질을 결정하는 가장 근본적이 요소가 됩니다. 일시적인 충동에 의해 시작한 프로젝트는 얼마가지 못하게 되고 쉽게 포기하기 마련입니다. 만약 어떤 중요한 프로젝트가 성공적으로 끝나기를 원한다면 기초 준비 단계에서 세심한 주의를 기울여 준비해야만 하는 것입니다.

건물의 한 부분으로서 기초는 날마다 계속해서 사용되는 것입니다. 만약 기초가 무너진다면, 나머지 건물 전체가 무너져 버리고 맙니다. 사도 바울은 고린도전서 3장 11절에서 "이 닦아 둔 것 외에 능히 다른 터를 닦아 둘 자가 없으니 이 터는 곧 예수 그리스도라"라고 기록하였습니다. 예수님을 아는 것과 그분 안에 거하는 것이 바로 우리들의 영적 삶의 기초입니다. 우리는 이 기초 위에 많은 것을 세울 수 있고, 이 기초를 토대로 그분의 방법과 목적에 관한 참된 진리를 배울 수 있습니다. 우리는 그분을 위해 많은 것을 할 수 있습니다. 근본적으로 그렇게 하기 위해서 우리는 날마다 그분께 나아가야 하고, 단지 그분을 위해서 하는 것이 아니라 모든 것을 그분과 함께 해야만 참된 영적 열매를 맺을 수 있게 되는 것입니다.

바울은 에베소서 1장 9-10절에서 다음과 같이 기록하였습니다.

"그 뜻의 비밀을 우리에게 알리신 것이요 그의 기뻐하심을 따라 그리스도 안에서 때가 찬 경륜을 위하여 예정하신 것이니 하늘에 있는 것이나 땅에 있는 것이 다 그리스도 안에서 통일되게 하려 하심이라"

하나님의 궁극적인 목적은 모든 것이 그분의 아들이신 예수님 안에서 통일되게 하시는 것입니다. 만약 하나님의 궁극적인 목적이 우리 삶의 중심이 되지 못하고, 우리의 모든 행위의 기초가 하나님이 될 수 없다면, 우리는 계속해서 하나님의 목적에 합당하지 못한 것에 의해 미혹받게 됩니다. 많은 사람들이 아주 작은 지류들이 먹여주는 것에 미혹되어서 생명의 강이신 예수님으로부터 멀어져 갑니다. 여러분이 생명의 강에 머무르고 싶다면, 모든 것에 대해 계속해서 예수 그리스도께 초점을 맞추어야만 합니다.

'그리스도' 라는 기초 이외에 다른 기초는 없습니다.

DAY 02

계획

"땅이 혼돈하고 공허하며 흑암이 깊음 위에 있고" (창 1:2)

〈공허하다 (without form: 모양이 없다)〉로 번역된 히브리어는 "토후(tohuw)"인데, 그 정의는 "폐허 또는 사막"입니다. 킹 제임스 번역본은 이를 "혼란, 빈 공간, 무의 상태"로 번역하였습니다. 여기서 중요한 요점은 바로 성령께서는 공허한 것에서 영광스러운 창조를 하실 수 있다는 사실입니다. 그분은 또한 아주 폐허가 되고 혼란스럽고 텅 비어버린 삶을 영광스럽고 새롭게 창조 하실 수 있습니다.

모든 여정에서 가장 중요한 단계는 첫 단계입니다. 우리가 어느 곳을 향해 가려고 한다면, 반드시 어디로 가는지 알아야만 합니다. 하나님께서는 창조하시기 전에 혼돈하고 공허한 것을 좋아하셨던 것처럼 보입니다. 다른 말로 우리는 이를 하나님께서 깨끗한 캔버스를 가지고 시작하시는 것을 좋아하셨다고 말할 수 있습니다. 기독교의 가장 놀라운 진리 중의 하나는 누구든지 주님앞에 나오면 거듭나게 되고 모든 것이 새롭게 된다는 것입니다. 복음의 좋은 소식 중의 한 부분이 바로 우리 모두가 그리스도 안에서 새롭게 시작할 수 있다는 사실입니다. 단지 일부분만 다시 시작할 수 있는 것이 아니라, 모든 것을 새롭게 다시 시작할 수 있습니다. 그분의 십자가의 권능이 우리 안에서 역사하기 시작하면, 우리는 속죄함을 받고 구속함의 권능이 우리 안에 흐르게 되고 우리 삶의 모든 것을 속량하게 되는 것입니다.

어떤 해석자들은 창세기 1장 2절의 "혼돈하고 공허하며"를 "혼란(chaos)"이라고 번역합니다. 이것 역시 중요한 의미가 있습니다. 만약 성령께서 혼란스러운 땅에 임하셔서 이렇게 아름답고 정교하게 창조를 하셨다면, 그분은 그와 똑같은 일을 그분께 허락된 모든 생명에게 하실 수 있습니다. 우리의 삶이 얼마나 혼란스럽든지 그것에 관계없이 그분은 이것을 올바르고 똑바르게 하실 뿐만 아니라 영광스럽게 만드십니다.

성령께서 명령하시고 새롭게 생명을 시작하시는 것을 바라봄으로써 우리는 하나님과 그분의 목적을 배울 수 있습니다. 우리가 다시 새롭게 되었으므로, 다시는 우리 스스로가 우리의 삶을 올바르게 할 수 있는 지식과 지혜를 가지고 있다는 잘못된 실수를 하지 말아야 합니다. 우리가 거듭 났을 때, 우리는 창조주님께 전적으로 의지해야 한다는 사실을 알게 됩니다. 이 사실을 아는 것만으로도 우리 앞에서 기다리고 있는 함정을 피할 수 있기 때문에 다시는 똑같은 실수를 되풀이 하지 않게 될 것입니다. 사도 바울은 다음과 같이 진술하였습니다.

"형제들아 너희를 부르심을 보라 육체를 따라 지혜로운 자가 많지 아니하며 능한 자가 많지 아니하며 문벌 좋은 자가 많지 아니하도다 그러나 하나님께서 세상의 미련한 것들을 택하사 지혜 있는 자들을 부끄럽게 하려 하시고 세상의 약한 것들을 택하사 강한 것들을 부끄럽게 하려 하시며 하나님께서 세상의 천한 것들과 멸시 받는 것들과 없는 것들을 택하사 있는 것들을 폐하려 하시나니 이는 아무 육체도 하나님 앞에서 자랑하지 못하게 하려 하심이라" (고전 1:26-29)

교회 역사를 통해 보면 하나님의 모든 새로운 역사하심은 무엇을 하고 있는지 모르는 사람들과 어디로 가고 있는지 모르는 사람들을 통해서 시작하셨습니다. 아브라함처럼 아직 공허하고 혼돈한 장소에서 하나님을 찾기 위해 그들이 만들고 이루어 놓은 나라를 떠나야만 했습니다. 자연적인 눈은 어두워졌지만 성령을 볼 수 있게 되었던 바울처럼, 우리들도 그분을 바라보기 전에 우리 자신의 비전이 공허하게 되어야 합니다. 우리의 자연적인 눈이 어두워지게 되면 주님은 그 상태로 그대로 두시는 것이 아니라 우리로 그분께서 세우시는 것을 볼 수 있게 하십니다. 그렇게 되면 그분께서는 그분이 지으신 영광스런 도시의 도면을 우리에게 보여주시고 우리가 짓는 것으로 그 영광스런 도시에 더해지게 하십니다.

우리가 신앙의 여정을 시작할 때 우리는 임의의 코스를 택하게 되는 것이 아니고, 바로 우리에게 향하신 그분의 계획의 한 부분이라는 것을 알아야 합니다. 모든 것이 처음에는 공허하고 혼돈한 것처럼 느껴지겠지만, 아름다운 창조를 하시고 그분 안에서 우리의 새 삶을 주신 성령의 움직임을 따라가게 되면 모양이 잡혀지게 됩니다. 사실 하나님의 계획은 너무 심오해서서 그분은 세상이 창조되기 전부터 우리를 알고 계셨으며 우리의 부름은 이미 그때에 이루어진 것입니다. 우리의 목적의 기초는 우리가 예수 그리스도처럼 되고 그분이 하신 일을 우리도 하며 그분의 형상을 닮아가는 것입니다. 이 소명은 모든 성도에게 있습니다. 그분의 전체적인 계획에서 아주 상세하게 각 성도들이 담당할 부분을 허락하셨습니다. 그분의 계획에서 우리 자신이 담당할 부분이 무엇인지를 찾는 것이 우리가 추구해야 할 것입니다.

아브라함은 어디로 가야 하는지를 몰랐지만, 그가 찾는 것이 무엇인지는 분명하게 알고 있었습니다. 그는 하나님께서 세우시는 것의 한 부분이 되기 위해 소유한 모든 것을 버렸습니다. 하나님께서 하시는 일의 한부분이 되는 것이 바로 우리가 추구해야 할 것입니다.

DAY 03

운행하시는 성령

"하나님의 영은 수면 위에 운행하시니라" (창 1:2)

성령에 관한 최초의 언급은 성령께서 운행하신다는 것입니다. 성령은 하나님의 일을 행하시는 하나님의 대행자이십니다. 성령은 늘 운행하시고 사역하시며 하나님의 목적을 수행하십니다. 성령을 아는 것은 모든 기독교인들에게 있어서 아주 중요한 것으로, 모든 성도들은 모든 것에서 어떻게 성령을 따를 수 있는가를 배워야 합니다. 그렇게 되기 위해서 우리는 계속해서 움직여야 합니다. 기독교 삶의 본질은 움직이고 어디론가 가고 있다는 사실입니다.

기독교의 삶은 고여 있는 것이 아니라 강물처럼 흐르는 것입니다. 우리는 성령과 함께 가야 할 목적지가 있고 그분과 함께 완성해야 할 사역이 있습니다. 태초에 〈성령께서 운행하셨고(움직이셨고)〉 계속해서 운행하시고 계십니다. 연못이나 호수가 아닌 강은 언제나 어디론가 흐르고 있습니다.

강도 처음에는 물방울로 시작되며 그것이 모여서 시내가 됩니다. 시골가를 흐르는 시내가 모여서 강이 되고 강은 목적지에 이를 때까지 계속 커지며 흐릅니다. 주님은 우리 각자의 삶이 이와 같기를 원하십니다. 우리는 신앙의 여정을 가는 동안 생명과 능력이 계속해서 자라도록 부름을 받았습니다. 우리가 바른 길로 나아가기만 한다면 잠언 4장 18절의 기록이 우리에게 사실이 됩니다.

"의인의 길은 돋는 햇살 같아서 크게 빛나 한낮의 광명에 이르거니와"

우리 모두는 지구상의 수십억 인구 중의 한 영혼인 한 방울로 시작합니다. 그러면, "그가 빛 가운데 계신 것 같이 우리도 빛 가운데 행하면 우리가 서로 사귐이 있고"(요일 1:7)처럼 되게 됩니다. 우리의 여정은 혼자 가는 것이 아닙니다. 이 지구상에는 예수 그리스도의 교회보다 더 큰 단체는 없습니다. 우리는 다른 영혼들과 함께 동행하도록 부름 받았습니다. 우리가 올바른 길로 나아가기만 하면 우리와 똑같은 방향으로 나아가는 많은 사람들과 함께하게 됩니다. 우리의 작은 시내는 다른 시내들과 합해지게 되고, 계속해서 커져서 더 큰 강이 되게 됩니다. 교회는 또한 영광스러운 선물입니다. 발견된 각 영혼은 놀라운 보물입니다.

성령이 운행하시면 생명이 시작되게 됩니다. 공허하고 혼돈한 것이 영원토록 그분의 경이로운 이적에 경탄하는 조화롭고 아름다운 교향곡이 됩니다. 성령께서는 지금도 가장 폐허가 된 삶을 영광스런 교향곡의 삶으로 바꾸시기를 좋아하십니다. 그분은 또한 영원하게 세우십니다. 솔로몬이 이해했던 것처럼 우리 하나님은 영원 전부터 계획 하셨습니다. "무릇 하나님이 행하시는 것은 영원히 있을 것이라 더 할 수도 없고 덜 할 수도 없나니 하나님이 이같이 행하심은 사람으로 그 앞에서 경외하게 하려 하심인 줄을 내가 알았도다"(전 3:14) 우리가 그분의 계획에 조화를 이루며 사역하는 정도에 따라, 영원히 사용될 것입니다. 이것이 소위 말하는 '영원히 남을 열매를 맺는 것' 입니다.

교회는 하나님의 '새로운 창조' 입니다. 교회가 시작되는 것을 살펴보게 되면, 태초에 천지를 창조하실 때와 다름없이 심오하고 두 번째 시작을 하신 것을 볼 수 있게 됩니다. 이 땅의 영적 상태가 공허하고 혼돈했을 때, 성령께서 운행하시어서 교회를 탄생시키셨습니다. 모든 생명은 하나님의 성령으로부터 시작되고, 우리가 성령과 함께 운행하는 것을 배울 때 우리는 참된 생명을 소유할 수 있게 됩니다. 그분의 사역 하신 것을 바라볼 때, 모든 것의 현재 상태를 통해 낙심하지 않는 것을 배우게 됩니다. 혼돈하면 할수록, 그분의 사역은 더욱더 영광스럽게 나타나게 됩니다.

우리의 영적 생활이 날마다 점점 더 좋아지지 않고 삶과 능력이 증가되지 않는다면, 어디선가 방향을 잃어버린 것입니다. 이러한 일이 여러분에게 일어나고 있다면 더 이상 앞으로 나아가려고 하지 마시고, 여러분과 예수 그리스도와의 개인적인 교제인 처음 사랑으로 되돌아가십시오. 그곳에서만 여러분의 영혼을 만족시키고 여러분을 목적지로 인도할 수 있는 생명수를 찾을 수 있습니다. 다른 방법은 없습니다. 다른 방법은 여러분이 연합하여 함께 가는 성도들로부터 단절되게 만들 뿐입니다. 다른 방법을 찾으려다 많은 사람들이 실족하였습니다. 생명의 강에 거하십시오. 기독교인의 삶은 움직이는 것입니다. 그러나 임의대로 움직이는 것이 아니라 분명한 목적을 가지고 움직이는 것입니다. 이 움직임은 아직도 공허하고 혼돈한 것을 영광스러운 새로운 창조물로 만듭니다. 성령으로 하여금 우리를 통해 운행하시도록 한다면, 우리는 계속해서 공허하고 혼돈 속에서 살아가는 사람들을 찾게 됩니다. 우리가 그들을 영광스럽고 창조적인 하나님의 목적으로 이끄는 교량 역할을 하게 되는 것입니다.

우리가 그분의 눈으로 바라보기 시작하면, 어떤 사람이나 상황이 공허하고 혼돈 할지라도 무가치하게 보여지지 않게 됩니다. 우리가 그분의 눈으로 보게 될 때, 사람이나 상황이 소망이 없다는 것을 보기 이전에 그것들의 잠재적인 것을 볼 수 있게 됩니다. 하나님은 예레미야 15장 19절에서 "네가 만일 돌아오면 내가 너를 다시 이끌어서 내 앞에 세울 것이며… 너는 나의 입이(대변인이라는 의미) 될 것이라"라고 말씀하셨습니다.

DAY 04

빛

"하나님이 이르시되 빛이 있으라 하시니 빛이 있었고" (창 1:3)

빛이 없으면 볼 수 없습니다. 빛은 모든 것을 드러나게 해줍니다. 성령께서 운행하신 후에 그분의 첫 번째 위대한 임무는 빛이 있게 하는 것이었습니다. 빛은 진리를 상징합니다. 주님께서 우리 삶 가운데 움직이시는 순간부터 성령의 첫 번째 임무는 그분의 진리의 빛을 우리 삶 속에 비추시는 것입니다.

흥미로운 점은 빛이 네 번째 날이 되어서야 창조되는 태양과 달 그리고 별들이 창조되기 전에 창조되었다는 사실입니다. 빛이 빛을 비추게 하는 용기들이 창조되기 전에 만들어진 것입니다. 예수님은 세상의 빛이시고 그분은 세상이 창조되기 전에 하나님과 함께 존재하셨습니다. 우리는 이 사실을 사도 요한이 기록한 복음서에서 예수님에 대한 설명을 통해 찾아볼 수 있습니다.

> "태초에 말씀이 계시니라 이 말씀이 하나님과 함께 계셨으니 이 말씀은 곧 하나님이시니라 그가 태초에 하나님과 함께 계셨고 만물이 그로 말미암아 지은 바 되었으니 지은 것이 하나도 그가 없이는 된 것이 없느니라 그 안에 생명이 있었으니 이 생명은 사람들의 빛이라 참 빛 곧 세상에 와서 각 사람에게 비추는 빛이 있었나니 그가 세상에 계셨으며 세상은 그로 말미암아 지은 바 되었으되 세상이 그를 알지 못하였고 자기 땅에 오매 자기 백성이 영접하지 아니하였으나 영접하는 자 곧 그 이름을 믿는 자들에게는 하나님의 자녀가 되는 권세를 주셨으니"
>
> (요 1:1-4, 9-12)

예수님은 태초부터 하나님의 계획이셨습니다. 예수님은 아버지의 마음을 기쁘게 해드리는 아들이십니다. 바울이 골로새서 1장 16-17절에서 설명하고 있는 것처럼, 하나님께서 창조하신 모든 만물은 아버지께서 아들의 형상을 담으셨고, 창조된 모든 것에는 아들에 관한 메시지가 담겨 있습니다.

"만물이 그에게 창조되되 하늘과 땅에서 보이는 것들과 보이지 않는 것들과 혹은 왕권들이나 주관들이나 통치자들이나 권세들이나 만물이 다 그로 말미암고 그를 위하여 창조되었고 또한 그가 만물보다 먼저 계시고 만물이 그 안에 함께 섰느니라"

"만물이 그 안에 함께 섰느니라"는 그분이 모든 피조물을 함께 묶는 힘임을 계시해 주는 것입니다. 빛이 태양과 달 그리고 별들이 창조되기 전에 창조되었다는 사실은 그분이 모든 것의 첫 번째라는 것을 영원토록 증거하여 주는 것입니다. 모든 새신자들은 믿음에 관한 교리라든가 교회에서 어떤 위치에 있게 되는 가를 고려해 보기 전에 반드시 예수님에 대한 계시로 흠뻑 젖어야만 합니다. 빛이신 예수님이 모든 것들보다 가장 우선이기 때문입니다. 그분은 처음이시고 나중이십니다. 예수님은 하나님의 빛이시고 모든 것이 그분 안에서 통일되게 됩니다. 우리는 그분을 가장 먼저 알아야만 합니다.

요한일서 1장 7절은 "그가 빛 가운데 계신 것 같이 우리도 빛 가운데 행하면 우리가 서로 사귐이 있고"라고 말씀하고 있습니다. 이 말씀은 우리가 교제를 멈추게 되면 그분의 빛으로부터 떠나게 된다고 아주 분명하게 가르쳐 주고 있습니다. 그분의 백성들과 교제를 멈추게 되면, 그분과의 교제도 끊어지게 되는 것입니다. 교제가 없는 기독교는 참된 기독교가 아닙니다. 주님은 교회를 창조하셨고 교회 안에서 우리는 서로가 서로에게 필요한 존재인 것입니다. 어느 누구도 그리스도 안에서 혼자서 목적지까지 갈 수 없습니다.

교회 생활은 우리가 경험할 수 있는 가장 영광스러우면서도 가장 어려운 것 중의 하나입니다. 아모스 3장 3절은 "두 사람이 뜻이 같지 않은데 어찌 동행하겠으며"라고 진술하고 있습니다. 이 말씀은 우리가 함께 동행하기 위해서 모든 것에 대해 의견이 일치되어야 한다는 것이 아니라, 의견이 일치된 것에 대해 함께 동행한다는 뜻입니다. 모든 기독교인들은 그리스도께서 주님이심을 동의하므로, 모든 기독교인들은 거기에 합당하게 함께 동행합니다. 신앙의 근본 진리들을 믿는 성도들 간에 어느 정도의 교제가 존재한다는 사실입니다.

우리가 동행하다 보면, 서로 이해하고 의견의 일치를 보는 것 역시 성장하게 됩니다. 교제를 한다는 것은 서로서로가 의견이 일치되는 것을 찾기 시작한다는 뜻이지, 의견이 일치하지 않는 것을 찾기 위해서 하는 것이 아닙니다. 의견이 일치하는 것을 찾는 것은 우리로 하여금 빛 가운데 거하게 합니다. 빛 가운데 거하기 위해서 "서로서로 사귐"(요일 1:7)이 있어야 합니다. 마찬가지로 우리가 하나님의 백성과 교제를 끊어버리면, 그 즉시 어두움에 거하기 시작하게 되는 것입니다. 예수 그리스도의 몸인 교회와 연합하지 않고 그분과 연합할 수 없습니다.

DAY 05

분리

"빛이 하나님의 보시기에 좋았더라 하나님이 빛과 어둠을 나누사 하나님이 빛을 낮이라 부르시고 어둠을 밤이라 부르시니라 저녁이 되고 아침이 되니 이는 첫째 날이니라" (창 1:4-5)

우리는 언제 어떻게 주님과 교제하고 연합하는지 그리고 어떻게 다른 성도들과 교제하고 연합하는지에 대해 배웠습니다. 주님께서는 우리를 주님과 주님의 백성에게 연합시키시는 동시에, 우리를 우리 삶의 어두운 부분과 어두움에 거하는 사람들로부터 분리시키십니다. 이것은 우리가 그리스도 예수 안에 거하기 위해 반드시 필요한 과정입니다.

우리가 빛이신 예수님을 알게 되면, 하나님께서는 우리 삶의 어두운 부분으로부터 빛을 분리시키십니다. 이 시간은 아주 어려운 시간이 될 것인데 그 이유는 우리가 빛을 잃기는 쉽고 어두움에 미혹되기는 너무 쉽기 때문입니다. 그래서 우리가 빛이신 주님께만 주의를 기울여 집중해야 하는 것입니다. 심지어 성령께서 우리의 죄를 입증하시거나, 우리가 피해야 할 사람들이나 어떤 상황을 드러내어 주실 때에도 항상 빛이신 예수님만 바라보아야 합니다.

어두움은 죄를 의미합니다. 빛은 즉각적으로 우리 삶의 죄를 드러내기 시작합니다. 심지어 이전에 우리가 죄라고 생각지도 않던 아주 작은 것, 예를 들면 아주 미미한 거짓말을 했던 것까지 갑자기 어둡고 추하게 되어 버립니다. 이 상황에서 대개 빛을 꺼버리려고 강한 충동을 느끼게 되는 경향이 있습니다. 우리가 모든 죄의 이상한 본질을 이해하려고 하게 되면, 죄의 폭로는 참을 수 없는 것처럼 느껴지게 됩니다. 그 상황에서 우리는 빛을 꺼버리고 옛 생활로 돌아가든지 또는 죄를 제거하든지 선택해야 합니다. 그 상황에서 타협이란 있을 수 없습니다. 우리가 신앙생활을 하며 앞으로 나아가려면 빛과 어두움은 반드시 분리되어야만 합니다. 예수님께서는 다음과 같이 말씀하셨습니다.

"그러하나 내가 너희에게 실상을 말하노니 내가 떠나가는 것이 너희에게 유익이라 내가 떠나가지 아니하면 보혜사가 너희에게로 오시지 아니할 것이요 가면 내가 그를 너희에게 보내리니 그가 와서 죄에 대하여, 의에 대하여, 심판에 대하여 세상을 책망하시리라" (요 16:7-8)

성령께서 움직이시면 항상 우리들의 죄를 깨닫게 하시고, 죄에 반대되는 의를 드러내십니다. 그런 다음에 죄의 결과인 심판을 보여 주십니다. 이는 어려운 것이지만 새로운 창조가 우리 안에 활짝 피기 전에 반드시 필요한 것입니다. 우리는 스스로의 죄에 대해 인식하고 대항하게 될 때 비로서, 십자가에서 베풀어 주신 하나님의 자비에 우리 자신을 맡기게 됩니다. 우리는 구세주가 되신 주님의 십자가에서만 참된 평화를 찾을 수 있습니다. 그분의 십자가는 우리 삶의 평화와 기쁨이 되었습니다. 우리의 죄를 드러내는 것은 참으로 힘든 일이지만, 십자가의 위로와 위안이 있습니다. 항상 십자가로 피하십시오!

우리는 삶의 어두움으로부터 해방될 수 있습니다. 어두움 속에서 빛은 더 밝은 법입니다. 우리는 어두움을 볼 수 있어야 하고 우리의 죄가 얼마나 추한 것인지를 알아야 하는데, 그 목적은 우리의 죄와 우리 삶의 어두운 부분을 우리 삶으로부터 분리시키는데 있는 것입니다. 그러므로 어두움에 지나치게 초점을 맞추지는 말고 즉시 빛으로 나아와야 합니다. 고린도후서 3장 18절은 우리에게 다음과 같이 말씀하고 있습니다.

"우리가 다 수건을 벗은 얼굴로 거울을 보는 것 같이 주의 영광을 보매 그와 같은 형상으로 변화하여 영광에서 영광에 이르니 곧 주의 영으로 말미암음이니라"

우리는 회개하기 위해 우리의 죄를 볼 수 있어야 합니다. 죄를 본다고 해서 변화되는 것은 아니지만, 죄를 봄으로 주님께 돌아올 수 있고 그분의 영광을 볼 수 있습니다. 언제든지 우리의 죄가 드러나면 회개해야 하고 속히 주님의 품으로 돌아와야 합니다. 우리의 목표는 완전한 삶이 되는 것이 아니고 완전하신 주님 안에 거하는 것입니다. 우리 자신의 의가 없을지라도 우리는 항상 그분 안에 거할 수 있습니다. 우리가 행하는 것으로 변함 받는 것이 아니라 이미 그분께서 우리를 위해 행하신 것으로 변함 받는 것입니다.

만약 우리 삶의 어두운 부분에만 초점을 맞추게 되면, 탈출하기 아주 힘든 블랙홀에 빠지게 됩니다. 여러분은 삶의 어두움을 찾지 마시고 성령께서 빛으로 비추게 하십시오. 성령께서 어두움을 드러내시면, 성령께서는 우리를 자유롭게 하는 진리를 주십니다. 우리의 목적은 항상 빛에 주의를 기울이는 것입니다. 빛으로 우리 삶의 어두움이 드러나게 하십시오. 보시고, 회개하시고 그런 다음 빛만 따라 가십시오.

빛을 따라 가면, 대부분의 어두움은 자동적으로 우리로부터 분리되게 됩니다. 그래서 예수님께서는 율법의 완성은 사랑이라고 말씀하신 것입니다. 우리는 간단한 두 계명인 하나님을 사랑하고 이웃을 사랑하는 것을 행해야지만, 모든 율법을 완성하는 것입니다. 우리가 주님을 사랑하게 되면, 우상을 섬기지 않게 됩니다. 우리가 이웃을 사랑하게 되면, 살인하지 않고 탐내거나 시샘하지 않고 그들의 물건을 훔치지도 않게 됩니다. 우리가 하나님의 사랑의 빛 안에서 성장하게 되면, 어두움은 드러나게 되고 우리로부터 분리되게 됩니다. 사랑을 행하면 빛을 따르게 됩니다.

DAY 06

날

"저녁이 되고 아침이 되니 이는 첫째 날이니라" (창 1:5)

여기서 우리는 하루가 저녁에 시작되는 것을 볼 수 있습니다. 이는 주님께서 행하실 위대한 일에 대한 예언으로, 대개 새벽이 되기 전에는 어둡습니다. 이는 성경 전체를 통해 한결 같은 진리입니다.

예를 들면, 이스라엘은 약속의 땅으로 인도함을 받기 전에 400년 동안 종살이를 하였습니다. 하나님의 권능으로 해방되기 직전에 그들

비전 가지기 45

은 최악의 학대를 받았습니다. 성경에 기록된 위대한 성도들은 대개 하나님의 목적을 완수하기 전에 어두움의 과정을 겪습니다. 요셉은 노예살이와 감옥 생활을 했습니다. 다윗 왕은 사울의 박해를 받고 그가 다스리도록 부름 받은 백성들로부터 추적을 당했습니다. 예수님은 부활하셔서 그분의 권세와 영광의 자리에 오르시기 전에 십자가를 지시고 죽으셔야만 했습니다.

하나님께 약속을 받은 장소와 하나님의 약속이 완성되는 사이에는 항상 우리에게 약속되어진 것과 정반대가 되는 광야가 자리 잡고 있습니다. 이스라엘은 젖과 꿀이 흐르는 약속의 땅에 들어가지 전에 그들의 믿음을 시험받고 그들의 마음이 정결하게 하기 위해서 물도 없는 광야에서 방황해야만 했습니다. 우리들도 이러한 시련을 통과해야 합니다. 야고보서 1장 2-4절, 12절은 다음과 같이 기록하고 있습니다.

"내 형제들아 너희가 여러 가지 시험을 당하거든 온전히 기쁘게 여기라 이는 너희 믿음의 시련이 인내를 만들어 내는 줄 너희가 앎이라 인내를 온전히 이루라 이는 너희로 온전하고 구비하여 조금도 부족함이 없게 하려 함이라 시험을 참는 자가 복이 있나니 이는 시련을 견디어 낸 자가 주께서 자기를 사랑하는 자들에게 약속하신 생명의 면류관을 얻을 것이기 때문이라"

우리 삶의 모든 시련은 두 가지 목적 때문에 허락된 것입니다. 첫 번째는 우리로 성령의 열매인 그리스도의 형상을 닮게 하기 위함입니다. 두 번째는 우리가 성숙해져서 그리스도께서 우리를 더욱 신뢰하여 그분이 하신 일을 더 많이 할 수 있도록 더 많은 권세를 주시려고 하심인데, 이는 성령의 은사를 통해 이루어지게 됩니다. 그러므로 야고보 선생께서 말씀하신 것처럼 시련을 기쁨으로 여길 줄 알아야 합니다. 왜냐하면 시련은 우리를 동틀 녘의 빛으로 인도해 줍니다. 고린도전서 10장 13절에는 우리에게 주시는 아주 큰 약속이 기록되어 있습니다.

"사람이 감당할 시험 밖에는 너희가 당한 것이 없나니 오직 하나님은 미쁘사 너희가 감당하지 못할 시험 당함을 허락하지 아니하시고 시험 당할 즈음에 또한 피할 길을 내사 너희로 능히 감당하게 하시느니라"

하나님께서 유혹을 허락하시는 분이시고, 우리들이 견디지 못할 이상의 유혹을 당하지 아니하도록 그 상황을 미리 조종하시는 분이시기도 합니다. 그러므로 유혹이 아주 심해지면 우리가 더 이상 인내할 수 없는 상태에 와 있다는 것과 시련의 마지막 지점에 와 있다는 사실을 알아야 합니다.

우리는 또한 모든 시련에는 피할 길이 있다는 사실을 알아야 합니다. 피할 길은 항상 똑같은데 그곳은 바로 십자가입니다. 우리가 십자가에 나아가서 대개 시련의 근원이 되는 우리 자신과 우리의 야심 그리고 이 세상을 향한 관심을 버린다면, 인간의 이해 범주를 넘어서는 평화를 즉각적으로 찾게 될 것입니다. 우리는 세상에 대해 죽도록 부름을 받았습니다(갈 6:14). 세상이 죽은 사람에게 무엇을 할 수 있겠습니까? 죽은 사람은 배신감을 느끼거나 학대 받음을 느낄 수 없으며, 또한 이익에 눈이 멀거나 잃어버린 것에 마음 아파할 수 없습니다. 우리가 가진 모든 것을 가지고 날마다 십자가 앞에 나아가면 세상이 이제껏 보지 못한 가장 자유로운 사람이 될 수 있습니다.

마치 죽음 없이는 부활이 있을 수 없는 것처럼, 전쟁 없이는 승리가 있을 수 없습니다. 또한 학교에서 시험을 치르고 통과하여 더 높은 학년으로 올라가듯이 우리의 삶에 모든 시험을 인내하면 주님 안에서 더 높은 성숙한 경지에 이르게 됩니다. 우리는 모든 시험을 아주 귀한 기회로 삼아야 합니다. 시험이 어려우면 어려울수록, 더 큰 기회인 것입니다. 항상 분명하게 기억해야 할 것은 우리가 아무리 어둡게 느낄지라도 빛은 항상 비추고 태양은 매일 뜬다는 사실입니다.

DAY 07

하늘

"하나님이 이르시되 물 가운데에 궁창이 있어 물과 물로 나뉘라 하시고 하나님이 궁창을 만드사 궁창 아래의 물과 궁창 위의 물로 나뉘게 하시니 그대로 되니라 하나님이 궁창을 하늘이라 부르시니라 저녁이 되고 아침이 되니 이는 둘째 날이니라" (창 1:6-8)

우리의 삶에서 빛과 어두움을 분리하는 과정을 시작하자마자, 우리는 위를 바로 보고 끝없이 넓은 하늘을 바라보기 시작해야 합니다. 여기서 말하는 하늘은 요정 이야기에 등장하는 하늘이 아니며, 말이 당

비전 가지기

근을 먹기 위해 뛰게 하려고 나뭇가지에 당근을 묶어 말 머리 위에 달아 놓은 것처럼 주님께서 우리를 좋게 하려고 만든 하늘도 아닙니다. 여기서의 하늘은 물질적인 우주보다 실제적이며 더 높이 있는 하늘입니다. 그렇다고 저 은하계 밖의 머나 먼 곳에 존재하는 하늘도 아닙니다. 이 하늘은 우리들 중에 존재하는 영역으로서, 우리가 지금 보고 경험할 수 있는 것으로서 에베소서에서는 다음과 같이 설명하고 있습니다.

> "찬송하리로다 하나님 곧 우리 주 예수 그리스도의 아버지께서 그리스도 안에서 하늘에 속한 모든 신령한 복을 우리에게 주시되" (엡 1:3)

> "긍휼이 풍성하신 하나님이 우리를 사랑하신 그 큰 사랑을 인하여 허물로 죽은 우리를 그리스도와 함께 살리셨고 (너희가 은혜로 구원을 받은 것이라) 또 함께 일으키사 그리스도 예수 안에서 함께 하늘에 앉히시니" (엡 2:4-6)

이 순간에 우리의 삶에 나타나는 어두움에 시달리고 있지만, 어떻게 우리의 죄에 대하여 죽고 다시 살아나느냐에 따라 하늘에 계신 그분 아들이 보좌에 앉게 되는 것을 볼 수 있게 됩니다. 그리스도께서 모든 지배자와 권세 그리고 권능보다 훨씬 높으신 자리에 좌정하신 하늘의 영광을 바라보면, 우리 자신의 의가 아닌 그분의 십자가의 권능에 의해 우리가 그분과 함께 앉게 된 것을 알 수 있게 됩니다. 단순하게 우리의 삶에서 어두움을 가리지 말고, 어두움을 딛고 계속해서 새롭고 커지는 영광으로 일어서야 합니다.

세상에 마음을 둔 사람들은 "세상에서도 별로 선하지 못하면서 하늘에 마음을 두려고 한다."고 하며 하나님을 찾는 사람들을 끊임없이 제지하려고 합니다. 사실 "세상에서도 별로 선하지 못하면서 하늘에 마음을 두려고 한다."는 것은 참된 지혜와는 정반대인 잘못된 생각입니다. 하늘은 우리가 부름 받아서 예수 그리스도 안에 거하게 되는 영역이며, 이 영역으로부터 우리가 이 땅에서 참으로 효과적인 사역을 시작하게 되는 것입니다. 세상에 마음을 둔 교회는 세상에 선한 일을 할 수 없습니다. 우리는 하늘과 땅에 다리를 놓는 역할을 하도록 부름 받았고, 하늘에서 예수 그리스도를 통해 우리에게 주어진 모든 것을 이 땅에서 대리해야 합니다. 기독교인은 자연적인 이 땅의 모든 영역보다 하늘의 영역이 더 실제적이 되어야만 합니다. 그렇게 될 때 그 어떤 어두움보다 강렬한 빛을 비칠 수 있고, 그리스도의 새벽 빛으로 무시무시한 밤의 어두움에 거하는 자들을 불러 낼 수 있습니다.

"이 때부터 예수께서 비로소 전파하여 이르시되 회개하라 천국이 가까이 왔느니라 하시더라"(마 4:17)라고 하셨습니다. 예수님께서 이 땅에서 전파하신 모든 메시지의 중심은 '하늘나라'에 관한 가르침입니다. 대부분 예수님의 가르침은 "하늘나라(천국)는 마치..."라고 시작됩니다. 예수님의 메시지를 이해하려면 하늘나라를 이해하는 것이 근본입니다.

요한계시록 4장 1절에서 다음과 같이 기록 하였습니다.

"이 일 후에 내가 보니 하늘에 열린 문이 있는데 내가 들은 바 처음에 내게 말하던 나팔 소리 같은 그 음성이 이르되 이리로 올라오라 이 후에 마땅히 일어날 일들을 내가 네게 보이리라 하시더라"

그 음성은 지금도 들으려고 하는 모든 자를 부르십니다. 하늘의 문은 열려 있으며 성령께서는 그리로 올라오라고 손짓하며 부르시고 계십니다. 모든 기독교인이 궁극적으로 추구해야 할 것은 하늘나라에서 예수 그리스도와 함께 좌정해 있으면서 이 땅의 삶을 사는 것입니다.

그러므로 우리의 기도는 예수님께서 제자들에게 가르쳐 주셨던 것처럼 "뜻이 하늘에서 이루어진 것 같이 땅에서도 이루어지이다"(마 6:10참조) 이어야 합니다. 우리는 언제나 하늘나라에 모든 마음을 두지 못합니다. 우리가 이 땅에서 행할 수 있는 것은 얼마나 많이 우리의 마음을 하늘에 두느냐에 달려 있습니다. 우리는 항상 마태복음 6장 33절에 기록된 "너희는 먼저 그의 나라와 그의 의를 구하라 그리하면 이 모든 것을 너희에게 더하시리라"라는 말씀을 순종하기 위해 기도해야 합니다.

DAY 08

열국

"하나님이 이르시되 천하의 물이 한곳으로 모이고 뭍이 드러나라 하시니 그대로 되니라 하나님이 뭍을 땅이라 부르시고 모인 물을 바다라 부르시니라 하나님이 보시기에 좋았더라" (창 1:9-10)

성경에서는 종종 이사야 17장 12절의 "슬프다 많은 민족이 소동하였으되 바다 파도가 치는 소리 같이 그들이 소동하였고 열방이 충돌하였으되 큰 물의 몰려옴 같이 그들도 충돌하였도다"에서 보는 것처럼 바다가 국가들을 상징합니다. 요한계시록 17장 15절에서 그 예를 찾아 볼 수 있습니다.

> "또 천사가 내게 말하되 네가 본 바 음녀가 앉아 있는 물은 백성과 무리와 열국과 방언들이니라"

창세기 1장 9-10절의 앞 절에서 하나님은 하늘을 창조하셨습니다. 하늘을 만드신 직후 하나님께서는 열국을 상징하는 바다를 만드셨습니다. 바울은 고린도전서 15장 46-49절에서 다음과 같이 설명하였습니다.

> "그러나 먼저는 신령한 사람이 아니요 육의 사람이요 그 다음에 신령한 사람이니라 첫 사람은 땅에서 났으니 흙에 속한 자이거니와 둘째 사람은 하늘에서 나셨느니라 무릇 흙에 속한 자들은 저 흙에 속한 자와 같고 무릇 하늘에 속한 자들은 저 하늘에 속한 이와 같으니 우리가 흙에 속한 자의 형상을 입은 것 같이 또한 하늘에 속한 이의 형상을 입으리라"

새로운 창조는 원래의 창조와 똑같은 패턴으로 창조됩니다. 우리가 하늘에서 예수님과 함께 쇠성하고 나면 곧바로 주님은 우리에게 열국(바다)에 대한 비전을 주십니다. 시편 2장 8절은 아들이신 예수님에 관해 다음과 같이 기록하였습니다. "내게 구하라 내가 이방 나라를 네 유업으로 주리니 네 소유가 땅 끝까지 이르리로다" 교회는 주님의 신부이고 열국은 주님의 유업입니다. 그분은 열국을 만드셨고 또한 각기 다른 문화와 사람들을 만드셨으며, 그들 각각 그분 안에서 제각기 특별하고 영광스러운 목적을 가지고 있습니다. 위대한 사명은 다음과 같습니다.

"그러므로 너희는 가서 모든 민족을 제자로 삼아 아버지와 아들과 성령의 이름으로 세례를 베풀고 내가 너희에게 분부한 모든 것을 가르쳐 지키게 하라 볼지어다 내가 세상 끝날까지 너희와 항상 함께 있으리라 하시니라" (마 28:19-20)

우리는 단순히 하늘의 보좌에 앉아 있기 위해 구원 받은 것이 아니고, 십자가의 영광스러운 메시지를 전하기 위해 구원 받은 것입니다. 나가서 전하기 전에 먼저 주님과 그분의 권세로 확실하게 무장해야 합니다. 만약 우리가 우리 삶의 사역을 감당하지 않고 살면, 뒷걸음을 치게 되든지 또는 낡은 포도주 자루처럼 됩니다. 주님을 향한 우리의 사랑은 주님께서 그분의 희생의 대가로 열국을 보상받으시는 것을 보는 것입니다.

주님께서 물을 국가들이 상징하는 바다 속으로 분리하시기를 마치신 후에 보시기에 좋았더라고 말씀하셨습니다. 하나님은 확실히 다양한 문화와 국가들을 사랑하십니다. 하나님께서는 하나님의 본질을 반영하는 각기 다른 문화와 국가들에게 독특한 것을 선물하였습니다. 창조주 주님을 사랑하는 사람들이 다른 문화와 사람들을 만날 때 첫 번째 해야 할 반응은 그들을 통해서 주님의 보다 깊은 계시를 기대하는 것입니다. 우리들의 각기 다른 점은 서로 반대하고 투쟁하라는 것이 아니고 상호 보완하는 것입니다. 성경이 가르쳐 주는 것처럼 예언의 은사를 가진 삶도 단지 부분만을 보는 것입니다. 전체 그림을 보기 위해서 우리는 우리 자신에게 주신 것과 그분께서 다른 사람들에게 허락하신 것을 함께 보아야 합니다. 정확한 견해를 가지기 위해서는 언제나 서로가 필요합니다. 주님께서 물을 각기 다른 바다로 분리하신 후에 보시기에 좋았더라고 말씀하셨습니다.

다양한 것을 사랑하는 것은 하나님의 근본적인 속성 중의 하나입니다. 이것이 주님의 근본적인 특성 중에 하나임에도 불구하고 대부분의 교회들은 이를 무시하고 있습니다. 기독교 일치주의를 향한 압박은 하나님께로부터 온 것이 아닙니다. 하나님은 다양한 것을 사랑하십니다. 그러므로 창조주 주님을 아는 사람이 가장 창조적이고 이 땅에서 가장 자유로운 사람이 될 수밖에 없습니다.

"그리스도께서 우리를 자유롭게 하려고 자유를 주셨으니 그러므로 굳건하게 서서 다시는 종의 멍에를 메지 말라" (갈 5:1)

DAY 09

씨

"하나님이 이르시되 땅은 풀과 씨 맺는 채소와 각기 종류대로 씨 가진 열매 맺는 나무를 내라 하시니 그대로 되어 땅이 풀과 각기 종류대로 씨 맺는 채소와 각기 종류대로 씨 가진 열매 맺는 나무를 내니 하나님이 보시기에 좋았더라 저녁이 되고 아침이 되니 이는 셋째 날이니라"

(창 1:11-13)

옛 창조와 새로운 창조의 근본적인 이해는 씨를 이해하는데서 시작됩니다. 여덟 번째 날에서 본 것처럼 하나님은 다양한 것을 좋아하시며, 그 다양한 모든 것들을 보호하시고 보존하십니다. 하나님은 같은 종류의 열매만 맺는 씨를 창조하셨습니다. 모든 식물은 하나님의 창조에서 담당하는 역할이 있습니다. 만약 어떤 식물이나 동물이 그들만이 가지고 있는 독특함을 잃어버리게 된다면 그들의 역할을 하지 못하는 것이며, 우리가 알고 있는 이 아름다운 지구상의 생명을 가능하게 하는 균형이 무너지게 되는 것입니다. 원수 마귀는 이를 너무 잘 알고 있기 때문에, 그의 근본 전략 중의 하나는 생명을 파괴하고 하나님께서 창조하신 그 독특함을 애매모호하게 만드는 것입니다. 이 전략이 성취되는 것만으로도 생명을 지탱하는데 필요한 창조의 조화를 손상시키고 흩어놓을 수 있게 됩니다.

생명이 계속되는 한 남자와 여자의 근본적인 차이는 절충될 수 없습니다. 남자와 여자가 하나 되는 것은 남자는 여자가 되든가, 여자는 남자가 됨으로서 이루어지는 것이 아니라, 남자와 여자의 차이를 인식하고 인정함으로서 되어지는 것입니다. 만약 이를 인식하고 인정하는 것이 멈춰버리면, 인류는 멸망하고 맙니다. 하나님께서 "각기 종류대로" 씨 가진 열매 맺는 것을 창조하신 이유는 각 종류들이 영원토록 그들만의 독특한 생명을 보존하시기 위함이었습니다.

주님께서 씨 뿌리는 비유에서 설명하신 것처럼 말씀 역시 씨입니다. 씨는 자라서 열매 맺는 식물이 됩니다. 우리는 말씀으로부터 무엇이 자라고 있습니까? 우리에게 말씀의 열매는 어떤 것일까요? 괴로움으로 말씀을 전하게 되면, 이 땅에 괴로움의 열매를 맺는 식물을 심는 것입니다. 우리가 전하는 말씀이 믿음과 소망 그리고 사랑으로 충만해 진다면, 이 땅에 언젠가 믿음과 소망과 사랑의 열매를 거둘 수 있는 식물을 심을 수 있을 것입니다.

나는 노스 캐롤라이나의 하이랜드에 살고 있습니다. 그곳의 산에는 수천 그루의 사과나무들이 있습니다. 이 지역에 사과는 조니 애플시드 (Johnny Appleseed)라는 사람에 의해 전해졌다고 합니다. 그는 "누구나 사과 안에 들어 있는 씨를 셀 수 있지만 씨 안에 들어 있는 사과는 하나님만이 셀 수 있다"고 말하곤 하였답니다. 그가 우리 지역에 얼마나 많은 사과 씨를 심었는지 아무도 알 수 없지만 200년이 지난 지금 이 지역에서는 매년 가을이면 수백만 개의 사과를 수확합니다. 씨앗과 마찬가지로 우리들이 전하는 말씀도 싹이 트는 시간이 필요합니다. 아마 우리가 뿌린 말씀의 씨앗이 싹트고 자라서 맺은 열매를 우리가 보지 못할 수도 있습니다. 씨앗과 마찬가지로 말씀도 수백 배로 불어납니다. 날마다 우리의 말씀이 열매 맺기를 간구하고, 오직 성령의 열매만을 맺는 씨만 뿌릴 것을 결단합시다.

주님은 또한 믿음을 씨에 비유하셨습니다. 예수님은 제자들에게 겨자씨만한 믿음이 있으면 산을 움직일 수 있다고 말씀하셨습니다(마 17:20). 역사는 이 땅에서 참된 믿음을 멈추게 할 수 있는 것은 아무것도 없다는 것을 증거하고 있습니다. 제자들은 산을 움직였을 뿐만 아니라 열국과 제국을 움직였습니다. 그들은 씨의 원리를 이해했던 것입니다. 씨가 산을 움직일 수 있다면, 식물 자체는 어떻겠습니까?

지혜로운 솔로몬 왕이 잠언 18장 21절에 "죽고 사는 것이 혀의 힘에 달렸나니 혀를 쓰기 좋아하는 자는 혀의 열매를 먹으리라"라고 기록하였습니다. 우리의 말씀의 열매가 우리가 먹기를 원하는 열매가 되도록 힘씁시다. 우리의 말씀이 사람들에게 생명을 줍니까? 아니면 죽음을 줍니까? 우리의 말씀이 사람들로 믿음을 갖게 만듭니까? 아니면 공포를 갖게 만듭니까? 우리의 말씀이 사랑과 화해를 가져옵니까? 아니면 분열과 다툼을 가져옵니까? 기억하실 것은 어떤 열매를 맺든지 결국은 우리가 그 열매를 먹어야 한다는 사실입니다. 에베소서 4장 28-32절은 다음과 같이 기록하고 있습니다.

"도둑질하는 자는 다시 도둑질하지 말고 돌이켜 가난한 자에게 구제할 수 있도록 자기 손으로 수고하여 선한 일을 하라 무릇 더러운 말은 너희 입 밖에도 내지 말고 오직 덕을 세우는데 소용되는 대로 선한 말을 하여 듣는 자들에게 은혜를 끼치게 하라 하나님의 성령을 근심하게 하지 말라 그 안에서 너희가 구원의 날까지 인치심을 받았느니라 너희는 모든 악독과 노함과 분냄과 떠드는 것과 비방하는 것을 모든 악의와 함께 버리고 서로 친절하게 하며 불쌍히 여기며 서로 용서하기를 하나님이 그리스도 안에서 너희를 용서하심과 같이 하라"

이 말씀에 따르면 성령을 훼방하는 근본적인 말들은 우리의 입으로부터 나오는 악한 말과 저주와 분쟁 등과 같은 거룩하지 못한 말들인 것을 알 수 있습니다. 이러한 씨를 뿌리지 않기로 결단하시고, 반대로 덕을 높이는 말과 서로를 세우는 말만 하도록 결단합시다.

DAY 10

빛

"하나님이 이르시되 하늘의 궁창에 광명체들이 있어 낮과 밤을 나뉘게 하고 그것들로 징조와 계절과 날과 해를 이루게 하라 또 광명체들이 하늘의 궁창에 있어 땅에 비추라 하시니 그대로 되니라 하나님이 두 큰 광명체를 만드사 큰 광명체로 낮을 주관하게 하시고 작은 광명체로 밤을 주관하게 하시며 또 별들을 만드시고 하나님이 그것들을 하늘의 궁창에 두어 땅을 비추게 하시며 낮과 밤을 주관하게 하시고 빛과 어둠을 나뉘게 하시니 하나님의 보시기에 좋았더라 저녁이 되고 아침이 되니 이는 넷째날이니라" (창 1:14-19)

태양은 지구상의 모든 생명이 살아 갈 수 있게 하는 능력이 있습니다. 그래서 성경에서는 종종 태양이 예수님을 상징하는데, 태양과 마찬가지로 예수님은 골로새서 1장 16-17절에 기록된 것처럼 생명의 근원이 되시기 때문입니다. "만물이 그에게서 창조되되 하늘과 땅에서 보이는 것들과 보이지 않는 것들과 혹은 왕권들이나 주권들이나 통치자들이나 권세들이나 만물이 다 그로 말미암고 그를 위하여 창조되었고 또한 그가 만물보다 먼저 계시고 만물이 그 안에 함께 섰느니라" 주 예수님은 세상이 창조되기 전부터 아버지와 함께 계셨으며, 요한복음 1장 1-4, 10절에 기록되어 있는 것처럼 세상을 창조하신 분입니다.

"태초에 말씀이 계시니라 이 말씀이 하나님과 함께 계셨으니 이 말씀이 곧 하나님이시니라 그가 태초에 하나님과 함께 계셨고 만물이 그로 말미암아 지은 바 되었으니 지은 것이 하나도 그가 없이는 된 것이 없느니라 그 안에 생명이 있었으니 이 생명은 사람들의 빛이라 그가 세상에 계셨으며 세상은 그로 말미암아 지은 바 되었으되 세상이 그를 알지 못하였고"

예수님은 모든 것이 그분을 통해서 만들어진 바로 그분일 뿐만 아니라 아버지께서 사랑하시는 모든 것이십니다. 창조된 모든 것에서 아버지께서는 아들의 형상을 찾으십니다. 그분은 우리 안에서 아들의 형상을 찾으십니다. 예수님을 아는 것은 아버지를 아는 것이요 영생을 소유하는 길입니다. 태양이 우리들의 물질적인 삶의 근원으로서 태양이 어둡게 되면 이 땅의 모든 것이 멸망하게 되는 것처럼, 예수님은 모든 생명의 근원이십니다. 심지어 그분을 모르는 사람들도 그분이 없으면 한순간도 살 수 없습니다.

달은 교회를 상징합니다. 달은 빛의 근원이 아니고 태양의 빛을 받아서 그것으로 비춥니다. 달이 밤을 지배하듯이, 교회 시대는 인류의 어두운 때였습니다. 결점과 실수에도 불구하고 교회에게 열국을 비추는 빛을 주셨습니다. 달이 그 중력으로 바다의 조수를 조종하는 것처럼, 교회는 이 시대에 사건들에 큰 영향을 미치게 하였습니다. 그러나 교회는 빛이 아니고, 빛이신 주님이 오실 때까지 절대로 열국을 다스릴 수 없습니다. 이 시대 교회의 목적은 밤을 통과하기 위해서 빛이 필요한 사람들에게 빛을 공급해 주는 것입니다.

성경에서 별은 종종 사자(使者)를 상징합니다. 주님께서는 그가 손에 들고 있는 일곱 별이 일곱 교회의 천사를 상징한다고 설명하셨습니다(계 1:20). 천사로 번역된 그리스어인 aggelos(ang'-el-os)는 문자적으로 사자(使者)를 의미합니다. 이 단어는 천사가 사자 역할을 하는데도 사용되고, 사자의 역할을 하는 사람에게도 사용되었는데 특별히 신약성경의 경우 사도들이 특별한 사자로서의 사역을 감당하였습니다. 이것이 바로 요한 계시록의 "별"의 의미로 이해할 수 있는데, 왜냐하면 일곱 교회에 주신 말씀이 각 교회의 "천사"에게 전달되었다고 기록되어 있는데 사자로서의 천사에게는 계시록에서 언급한대로 글로 써서

전달될 이유가 없기 때문입니다(계 1:11-20 참조). 이 "별들"은 늘 일곱 교회의 지도자로 간주되고 있습니다.

별이 밤에 항해하는데 사용되듯이, 주님께서는 신실한 사자들을 보내주셔서 사람들이 어두움을 항해할 수 있게 하십니다. 사자들은 보냄을 받고 와서 역사의 흐름을 바꾸도록 도와 줍니다. 그러나 사자들의 빛은 그리스도의 위대하신 빛보다 항상 부족할 수밖에 없기 때문에 우리는 항상 위대하신 그리스도의 빛을 따라 걸어가기를 간구해야 합니다. 태양이 뜨면 별들은 모습을 감춥니다. 마찬가지로 주님께서 영광 중에 재림하시면, 우리는 그 어떤 사람에게도 감명을 받지 않게 됩니다. 심지어 가장 위대한 영적 지도자일지라도 주님과는 비교할 수 없는 것입니다. 그러나 아직 어두움에 있으므로 우리에게 어두움을 헤쳐 나가는데 도움을 주도록 보내주신 작은 빛을 가진 사자들의 도움이 필요합니다. 영적 지도자들이 우리들이 올바른 길을 가도록 돕는다는 것을 알고, 그들을 존경하는 일은 올바른 것입니다. 그리스도의 새벽 빛이 비추고 아들이 재림하시면, 더 이상 영적 지도자들이 필요 없지만 그 때까지 우리에게는 영적 지도자들이 필요합니다.

DAY 11

생명

"하나님이 이르시되 물들은 생물을 번성하게 하라 땅 위 하늘의 궁창에는 새가 날으라 하시고 하나님이 큰 바다 짐승들과 물에서 번성하여 움직이는 모든 생물을 그 종류대로, 날개 있는 모든 새를 그 종류대로 창조하시니 하나님의 보시기에 좋았더라" (창 1:20-21)

주님께서는 주님의 백성이 "많은 참새보다 귀하니라"라고 말씀하셨습니다(마 10:31). 그렇게 말씀하신 걸로 미루어 볼 때 주님께 참새는 어떤 가치가 있는 존재임이 분명합니다. 주님께서 짐승을 창조하신 후에 "보시기에 좋았더라"라고 말씀하셨습니다(창 1:25). 주님에게 창조는 아주 값진 것이어서, 요한계시록 11장 18절에서 우리가 볼 수 있듯이 주님의 큰 재앙이 임하는 이유 중의 하나가 "땅을 망하게 하는 자들을 멸망" 시키시기 위한 것입니다. 기독교인들은 다른 사람들보다 아주 헌신적인 자연보호주의자가 되어서 우리의 놀라우신 창조주께서 우리를 위해 이 땅에 허락하신 것을 즐기고 귀하게 여길 수 있어야 합니다. 어떤 종류의 생명일지라도 존중해야 하고 보호해야 합니다. 그러나 창조주의 자리 대신 창조된 것을 우상으로 섬기는 것과 혼돈해서는 안 됩니다.

요한복음 10장 10절에서 주님은 "내가 온 것은 양으로 생명을 얻게 하고 더 풍성히 얻게 하려는 것이라"라고 말씀하셨습니다. 그분은 "생명의 주(영어 성경에는 생명의 왕자라고 번역한 곳도 있음)"이십니다(행 3:15). 그분은 우리를 생명의 길로 인도하시려고 오셨습니다. 그분 안에는 생명이 있고 그분은 생명의 말씀이십니다. 우리가 그분 안에 거하면, 우리로부터 생명이 흘러나오게 되어 있습니다. 우리에게 영원히 마르지 않는 생명수의 우물을 허락하셨습니다. 우리가 해야 할 일은 사랑하고, 찾고 보존하고, 생명을 전파하는 일입니다.

가장 오래된 철학적인 질문 중의 하나는 "생명이란 무엇인가?" 입니다. 간단하게 말해서 생명은 커뮤니케이션인 상호 의사전달을 의미합니다. 자연환경과 서로 나누고 관계를 맺는 한 우리는 살아있는 것입니다. 인간을 '고등 동물'이라고 부르는데 그 이유는 인간은 높은 차원의 의사소통을 할 수 있기 때문입니다. 마찬가지로 영적으로 의사소통을 할 수 있어야 영적으로 살아있는 것입니다. 요한복음 6장 63절에서 주님께서는 "살리는 것은 영이니 육은 무익하니라 내가 너희에게 이른 말이 영이요 생명이라"라고 말씀하셨습니다. 우리가 그분의 말씀을 들을 수 있거나 그분과 영적으로 교통할 수 있을 때만 영적인 생명이 있는 것입니다. 우리가 영적으로 살아 있으면 사탄이 우리의 육신을 죽일지라도 우리의 생명까지 빼앗을 수는 없습니다. 예수님은 요한복음 11장 25-26절에서 "나는 부활이요 생명이니 나를 믿는 자는 죽어도 살겠고 무릇 살아서 나를 믿는 자는 영원히 죽지 아니하리니 이것을 네가 믿느냐"라고 말씀하셨습니다.

성경은 때때로 우리의 영을 우리의 마음으로 언급하고 있습니다. 이것이 바로 잠언 4장 23절에서 "모든 지킬 만한 것 중에 더욱 네 마음을 지키라 생명의 근원이 이에서 남이니라"라고 기록한 이유입니다. 주님은 누가복음 6장 45절에서 이를 "선한 사람은 마음에 쌓은 선에서 선을 내고 악한 자는 그 쌓은 악에서 악을 내나니 이는 마음에 가득한 것을 입으로 말함이니라"라고 설명하셨습니다. 전에 인용한 잠언 18장 21절 "죽고 사는 것이 혀의 권세에 달렸나니 혀를 쓰기 좋아하는 자는 혀의 열매를 먹으리라"를 다시 한번 생각해 봅시다. 우리 주위에 있는 한 유명한 분은 "말은 항상 달콤하게 합시다. 언젠가 그 말을 자신이 먹을지 모르니까요"라는 의미심장한 말을 남겼습니다.

우리의 말은 우리 마음속에 있는 것을 표시하는 것입니다. 잠언 10장 11절은 "의인의 입은 생명의 샘이라도 악인의 입은 독을 머금었느니라"라고 진술하고 있습니다. 야고보는 "샘이 한 구멍으로 어찌 단 물과 쓴 물을 내겠느뇨"(약 3:11) 라고 말씀하셨습니다. 놀랍겠지만 사실 우리의 입은 실제로 살리기도 하고 죽이기도 하는 힘이 있습니다. 우리가 전하는 복음의 말씀 안에는 영원한 생명의 씨가 감추어져 있습니다. 항상 우리의 말을 살펴서 생명의 씨를 전하도록 합시다.

주님은 생명을 사랑하십니다. 주님은 세상에 "수도 없이 많은" 생명을 창조하셨습니다. 우리가 그분과 연합하려면, 모든 생명을 아끼고 가꾸어야 합니다. 죽음은 창조의 세계를 침략한 원수입니다. 죽음은 결국 패하지만, 죽음이 완전하게 패할 때까지 생명으로 죽음을 극복해야 합니다. 우리는 항상 어떻게 생명을 보존하고 보호할 것인지 심사숙고해야 합니다. 항상 생명과 소망의 말만 하고, 생명의 영원한 열매를 맺음으로 죽음을 이깁시다. 우리는 항상 우리의 말이 '영이고 생명'이신 주님의 말이 되도록 노력해야 합니다.

시편 16장 11절은 "주께서 생명의 길을 내게 보이시리니 주의 앞에는 충만한 기쁨이 있고 주의 오른쪽에는 영원한 즐거움이 있나이다"라고 기록하고 있습니다. 주 예수님은 생명의 근원이십니다. 우리가 그분께 가까이 가면 갈수록 더 많은 생명이 우리 안에 있게 됩니다. 다윗왕은 시편 36장 9절에서 "진실로 생명의 원천이 주께 있사오니 주의 빛 안에서 우리가 빛을 보리이다"라고 주님을 찬양하였습니다. 오늘 생명의 근원 안에 거하기를 결단합시다. 그분의 생명이 우리를 통해서 다른 사람들에게 전해지도록 합시다.

DAY 12

풍성한 생육

"하나님이 그들에게 복을 주시며 이르시되 생육하고 번성하여 여러 바닷물에 충만하라 새들도 땅에 번성하라 하시니라 저녁이 되고 아침이 되니 이는 다섯째 날이니라" (창 1:22-23)

하나님께서 피조물을 창조한 후 제일 첫 번째로 축복하신 것은 '생육하고 번성하라'는 것입니다. 자녀들은 우리가 가질 수 있는 궁극적인 축복 중의 하나입니다. 이것이 바로 낙태를 해서는 안되는 이유입니다. 심지어 짐승들도 그들의 자녀를 위해 자신의 목숨을 기쁘게 희생

합니다. 가장 미천한 형태의 생명이나 가장 극악한 생명체만이 자신들의 어린 것을 죽이는 것입니다.

솔로몬이 겪은 첫 시험은 자녀의 생명을 존중하는 여인과 경솔하고 부주의한 여인을 구별하는 것이었습니다. 이는 여전히 참된 지혜의 근본이 되는 것입니다. 부주의하다는 말은 주의를 하지 않는다는 것이고, 주의 한다는 말은 아주 많이 돌본다는 뜻입니다. 사랑이란 다른 사람을 아주 많이 돌보는 것입니다. 하나님은 사랑이시기 때문에 우리가 하나님의 형상을 회복하려면 남을 많이 돌보는 사랑을 해야만 합니다.

자연의 근본 섭리는 어린 것을 사랑하는 것입니다. 그러나 타락 때문에 창조된 우리의 본질이 잘못되었습니다. 참된 기독교는 타락된 것으로부터의 회복입니다. 디모데전서 5장 8절을 보면 "누구든지 자기 친족 특히 자기 가족을 돌보지 아니하면 믿음을 배반한 자요 불신자보다 더 악한 자니라"라고 기록되어 있습니다. 만약 우리가 어린 자녀들을 돌보지 않는다면 누가 우리를 신뢰하겠습니까? 어린 것들을 돌보지 않는 것은 구속받은 것을 부인하는 것입니다. 왜냐하면 구속함이란 타락한 본성을 회복시키는 것이기 때문입니다.

요한복음 15장 1-8절에서 주님은 열매 맺는 것에 대해 분명하게 선포하셨습니다.

"나는 참포도나무요 내 아버지는 농부라 무릇 내게 붙어 있어 열매를 맺지 아니하는 가지는 아버지께서 그것을 제거해 버리시고 무릇 열매를 맺는 가지는 더 열매를 맺게 하려 하여 그것을 깨끗하게 하시느니라 너희는 내가 일러준 말로 이미 깨끗하여졌으니 내 안에 거하라 나도 너희 안에 거하리라 가지가 포도나무에 붙어 있지 아니하면 스스로 열매를 맺을 수 없음 같이 너희도 내 안에 있지 아니하면 그러하리라 나는 포도나무요 너희는 가지라 그가 내 안에, 내가 그 안에 거하면 사람이 열매를 많이 맺나니 나를 떠나서는 너희가 아무 것도 할 수 없음이라 사람이 내 안에 거하지 아니하면 가지처럼 밖에 버려져 마르나니 사람들이 그것을 모아다가 불에 던져 사르느니라 너희가 내 안에 거하고 내 말이 너희 안에 거하면 무엇이든지 원하는 대로 구하라 그리하면 이루리라 너희가 열매를 많이 맺으면 내 아버지께서 영광을 받으실 것이요 너희는 내 제자가 되리라"

우리가 진실로 참된 영적 생명을 가졌다면, 영적인 열매를 맺고 번성해야 합니다. 갈라디아서 5장 22-23절은 "오직 성령의 열매는 사랑과 희락과 화평과 오래 참음과 자비와 양선과 충성과 온유와 절제니 이 같은 것을 금지할 법이 없느니라"라고 말하고 있습니다. 우리가 주님 안에 거한다면, 이 말씀에 기록되어 있는 성령의 열매의 모습대로 자라야 합니다. 우리가 열매를 맺지 못하면 우리가 주님 안에 거하고 있지 않다는 것을 분명하게 보여주는 것입니다.

참된 기독교는 "생명의 길"입니다. 예수님은 생명을 주기 위해 오셨고 풍성하게 베풀어 주십니다(요 10:10 참조). 이것은 우리가 모든 생명을 존중해야 하는 근본적인 이유입니다. 그러나 마귀는 "처음부터 살인한 자"입니다(요 8:44). 생명의 길로 걸어가는 자들은 생명을 존중하고 보호할 뿐만 아니라, 하나님께서 인간을 만드시고 주신 최초의 복처럼 생명을 번성하게 합니다. 우리가 그렇게 걸어가기만 하면, 시련과 열매 맺지 못했던 고달팠던 인생을 뒤로하고 축복된 삶을 살 수 있습니다. 축복이신 창조주 주님은 생명이십니다. 그분은 세상에 생명이 가득하기를 원하십니다. 그분 안에 거하는 자는 생명을 풍성하게 하고 재생산하고 사랑합니다.

DAY 13

다양함

"하나님이 이르시되 땅은 생물을 그 종류대로 내되 가축과 기는 것과 땅의 짐승을 종류대로 내라 하시고 그대로 되니라 하나님이 땅의 짐승을 그 종류대로, 가축을 그 종류대로, 땅에 기는 모든 것을 그 종류대로 만드시니 하나님의 보시기에 좋았더라" (창 1:24-25)

하나님께서는 모든 생물들이 그 종류대로 재생산할 수 있도록 창조하셨습니다. 여기서 우리가 주목할만한 점은 생물이 진화한다는 진화론의 근본 견해인데, 현재까지 그 어떤 종(種)도 다른 종과 교접해서 새로운 종을 만들어 낸 후 그것이 재생산했다는 기록이 없다는 사실입니다. 말과 나귀를 교미해서 노새를 만들 수 있지만 노새는 재생산을 할 수 없습니다. 이는 하나님께서 창조하실 때 각 생물체의 독특함을 유지하시기 위해서 만들어 놓으신 유전자 코드 때문입니다.

주님은 다양한 것을 사랑하셔서 심지어 눈송이조차도 똑같은 것을 찾아 볼 수 없습니다. 그분은 모든 사람을 다르게 만드셨습니다. 그분의 창조는 새로운 식물이나 동물이 생겨나게 합니다. 심지어 예수님께서 이 땅에 계실 때 한번도 똑같은 방법으로 병든 자들을 치료하시지 않으셨습니다. 각각의 상황에 맞게 주님은 각기 다른 메시지를 주셨습니다. 하나님에게는 날마다 새로움과 신선함이 있습니다. 그분과 함께 동행하게 되면 지속적으로 놀랍고 경이로운 일들을 만나게 됩니다. 그럼에도 이 넘치는 창조는 혼란이 아닌 아름답고 질서정연한 조화를 이룹니다.

이러한 행위를 보면 혹시 하나님께서 인종을 혼합하시려고 하는 것은 아닐까하는 흥미로운 질문을 던져보게 합니다. 하나님께서 특별한 선물과 특징을 각기 다른 종족과 문화에게 보존하라고 주신 이유는 그것들이 하나님의 계시에 공헌하게 하기 위함입니다. 하나님께서 인간을 하나님의 형상으로 지으신 이유는 창조된 자연 세계에 자신을 계시하시려 하심이며, 이것이 각 종족이나 문화와 합하여 하나님을 보다 더 완전하게 계시할 수 있게 되기 때문입니다. 그러나 경계선은 모든 것이 재생산을 위해 "그 종류대로" 보호되는 것이므로, 종(種)이 경계가 되지 종족이 경계가 되는 것은 아닙니다. 종족은 합해질 수 있고 거기서 생산된 후손들이 계속해서 재생산을 할 수 있으니까 본래의 목적을 어기는 것이 아님을 암시하는 것입니다. 인종이 서로 합해지는 것은 하나님의 창조의 새로운 계시로서 그분이 세우신 경계 안에서만 이루어져야만 합니다.

이미 진술한 바와 같이 주님처럼 된 사람들은 창조적인 것을 사랑합니다. 축복이신 창조주를 아는 사람은 그분처럼 창조적이 됩니다. 우리는 다양한 것을 사랑해야 하며 하나님이 만드신 질서와 하나님의 목적을 존중해야 합니다. 이것이 적절하게 연합되면 우리는 더욱더 그분과 같이 됩니다.

만약 우리가 다양하고 창조적인 하나님의 마음을 가진다면, 우리는 다른 누구를 만나든지 두려워하지 않고 오히려 마음을 열고 무엇인가 배우려고 할 것입니다. '양과 염소'가 구별되는 특징 중의 하나는 주님께서 그들에게 낯선 자로 오셨을 때 양은 문을 열고 주님을 맞이한다는 사실입니다(마 25:32-36). 그리스어로 낯선 자는 "xenos (xen'-os)"인데 문자적인 의미는 "외국인 또는 이방인"입니다. 주님은 때때로 우리에게 우리와 다른 사람들로 오십니다. 우리가 그들에게 문을 열어 주지 않으면, 주님께 문을 열어드리지 않는 것이 됩니다.

마가복음 16장에는 주님을 알아보지 못하고 엠마오로 가는 두 제자의 이야기가 기록되어 있는데, 그들이 주님을 알아보지 못한 이유는 "예수께서 다른 모양"으로 그들에게 나타나셨기 때문이었습니다(막 16:12). 예수님께서 그렇게 하신 것은 분명한 목적이 있으셨는데, 그들이 주님을 외형적인 모습이 아닌 성령으로 인식하시기를 원하셨기 때문입니다. 주님께서 우리에게 가까이 오셨음에도 불구하고 우리가 때때로 주님을 알아보지 못하는 주된 이유가 바로 엠마오로 가던 제자들의 경우처럼 우리가 익숙하지 않은 모습으로 우리에게 오셨기 때문입니다. 만약 우리가 침례교인 경우 그분께서 오순절교인의 모습으로 오실 수 있으십니다. 우리가 카리스마틱한 교인인 경우 침례교인의 모습으로 오실 수도 있으십니다. 그분은 계속해서 우리의 종교적인 차별주의의 벽을 허무시려고 시도하십니다.

인종 차별은 자만과 공포라는 두 극악한 악으로부터 탄생된 것입니다. 우리의 인종 때문에 우리가 다른 사람들보다 낫다고 믿을 때 생기는 자만의 궁극적인 모습입니다. 종교적인 차별주의는 우리가 어떤 특정한 종파는 운동에 속해 있기 때문에 다른 교파보다 낫다고 믿는 믿음에서 생긴 것입니다. 야고보서 4장 6절은 "그러나 더욱 큰 은혜를 주시나니 그러므로 일렀으되 하나님이 교만한 자를 물리치시고 겸손한 자에게 은혜를 주신다 하였느니라"라고 분명하게 밝히고 있습니다. 그러한 자만은 우리의 삶을 망치는 가장 큰 위협이 되는 것입니다. 그렇게 하는 것은 주님께서 언급하신 "염소"가 되는 것입니다. 왜냐하면 우리가 다른 사람에게 우리의 마음의 문을 열지 않았기 때문입니다. 인종 차별은 자만이나 공포로부터 기인된 것으로서, 자만이나 공포는 악한 것이며 둘 다 모든 진리의 근본이 되는 하나님의 사랑과는 정반대가 되는 것입니다.

DAY 14

왕관

"하나님이 이르시되 우리의 형상을 따라 우리의 모양대로 우리가 사람을 만들고" (창 1:26)

하나님의 형상으로 창조된 것보다 더 큰 영광이 있을 수 있겠습니까? 인간에 대한 하나님의 창조의 극치입니다. 인간은 하나님의 본질을 가장 잘 반영하고 있으며, 그것이 바로 인산의 궁극적인 목적이기도 합니다. 우리의 삶이 성공했느냐를 재는 척도가 있다면 그것은 바로 우리가 우리 삶에서 얼마나 잘 하나님을 반영하였는가가 될 것입니다. 이러한 이유 때문에 로마서 8장 28-30절에 다음과 같이 기록되어 있는 것입니다.

> "우리가 알거니와 하나님을 사랑하는 자 곧 그의 뜻대로 부르심을 입은 자들에게는 모든 것이 합력하여 선을 이루느니라 하나님이 미리 아신 자들을 또한 그 아들의 형상을 본받게 하기 위하여 미리 정하셨으니 이는 그로 많은 형제 중에서 맏아들이 되게 하려 하심이니라 또 미리 정하신 그들을 또한 부르시고 부르신 그들을 또한 의롭다 하시고 의롭다 하신 그들을 또한 영화롭게 하셨느니라"

인간의 타락이 인간을 부르시는 하나님의 궁극적인 부르심을 파괴하지 못했고, 단지 약간 늦추었을 뿐입니다. 주님은 타락을 그분의 헤아릴 수 없는 사랑을 드러내시는데 사용하셨고, 처음 창조보다 훨씬 더 고귀한 '새로운' 창조를 하시는데 사용하셨습니다. 예수 그리스도의 십자가 안에서 믿음으로 타락을 이긴 자들은 그분과 함께 상속자가 됩니다.

이러한 이유 때문에 "하나님을 사랑하는 자 곧 그 뜻대로 부르심을 입은 자들에게는 모든 것이 합력하여 선을 이루느니라" (롬 8:28)라고 말씀하신 것입니다. 우리에게 일어나는 모든 것은 우리 삶에서 하나님의 고귀하신 목적을 이루려는 의도 때문입니다. 모든 시련과 문제는 우리로 그리스도의 형상을 본받게 하기 위한 목적이 있습니다. 빛 안에 거하며 우리의 문제점들을 바라보면, 이해할 수 있고 극복할 수 있는 능력이 생기게 됩니다. 모든 것에서 우리의 목적인 그리스도의 형상에 합당한 고귀한 부르심을 지켜야만 합니다.

우리가 변화된 것을 이해하려면 고린도후서 3장 18절을 이해해야만 합니다. "우리가 다 수건을 벗은 얼굴로 거울을 보는것 같이 주의 영광을 보매 저와 같은 형상으로 변화하여 영광에서 영광에 이르니 곧 주의 영으로 말미암음이니라" 우리가 변화되는 것은 "영광으로 영광"으로 되는 것입니다. "영광에서 영광에"라는 말씀은 우리가 그분의 형상을 닮아가는 과정을 묘사하고 있는 것입니다. 우리가 이 과정을 교묘하게 만들거나 조종할 수 없으며, 이는 "주의 영으로 말미암는 것"입니다. 우리가 할 수 있는 것은 단순하게 주의 영이 하시는 것에 순종하기만 하면 됩니다. 순종하되 주님의 영광을 봄으로 순종해야 합니다. 그분의 영광을 바라봄으로 그분의 형상으로 변화될 수 있습니다.

우리 자신 스스로 변하려고 시도할 때 함정에 빠지는 이유는 주님을 바라보지 않고 우리 자신을 바라보기 때문입니다. 이러한 행위는 결국 자기중심주의의 블랙홀에 빠져들게 만듭니다. 심지어 우리가 주 안에서 새롭게 태어난 후에도 우리 삶은 변화되어야 합니다. 그러나 잘못된 것에 거하면서는 절대로 변할 수 없고 오직 주님의 영광을 바라봄으로 변하게 됩니다. 계속해서 그분께 주의를 집중하면 때대로 느끼지 못할 때가 있지만 변하게 되는 것입니다.

세례 요한은 "그는 흥하여야 하겠고 나는 쇠하여야 하리라 하니라"(요 3:30)라고 말씀하셨습니다. 이 말씀을 흉내 내어 많은 사람들이 내가 쇠하여야 주님이 흥하신다고 결단하고 행하는데, 그것은 세례 요한이 의미한 것이 아닙니다. 이는 세례 요한의 의도와 정반대가 되는 것으로 우리가 찾는 그리스도의 형상을 닮기 위한 반대 결과를 초래하게 됩니다. 만약 그분이 흥하시게 하기 위해 우리 자신이 쇠하려고 노력한다면, 이는 여전히 우리 자신이 지배하고 있는 것입니다. 우리가 그분의 형상으로 변하려면, "그는 흥하여야 하겠고 나는 쇠하여야 하는 것"입니다. 이것의 순서를 뒤 바꾸게 되면 바리새인의 종교적인 영을 만들어 내는 것입니다.

부족한 우리 자신을 보는 것이 아니라 그분의 영광을 바라봄으로서 우리 안에서 그분이 흥하게 됩니다. 성령은 우리의 죄를 깨닫게 하시고 지적해 주십니다. 죄의 치료약은 회개입니다. 회개는 단순히 죄로부터 돌아서는 것만이 아니라 죄로부터 돌아서서 주님께 돌아오는 것입니다. 만약 반절에 해당하는 죄로부터 돌아서기만 하면, 또다시 타락하게 됩니다. 반드시 주님께 돌아와서, 그분의 십자가의 권능 아래 거하고 그분의 영광을 바라보아야만 합니다. 그러면 변하게 됩니다. 그러므로 우리가 죄를 범하면 주님으로부터 도망치지 말고 주님께로 달려와야 합니다.

"우리에게 있는 대제사장은 우리의 연약함을 동정하지 못하실 이가 아니요 모든 일에 우리와 똑같이 시험을 받으신 이로되 죄는 없으시니라 그러므로 우리가 긍휼하심을 받고 때를 따라 돕는 은혜를 얻기 위하여 은혜의 보좌 앞에 담대히 나아갈 것이니라" (히 4:15-16)

DAY 15

권세

"그들로 바다의 물고기와 공중의 새와 가축과 온 땅과 땅에 기는 모든 것을 다스리게 하자 하시고" (창 1:26)

주님은 만왕의 왕이시며 만주의 주님이십니다. 인간을 위한 하나님의 형상의 한 부분은 "온 땅"을 다스리는 것입니다. 그러나 대부분의 사람들은 너무 오랫동안 하나님보다는 마귀의 말을 들어왔기 때문에 온 땅을 다스릴 수 있는 권능을 하나님처럼 하기보다는 마귀처럼 하는 경우가 많습니다. 하나님께서 가지고 계신 것과 같은 권세는 다스리는 사람들을 위해 존재합니다. 하나님의 권세는 특권이 아니고 책임입니다.

로마서 6장 16절은 권세의 근본 원리에 대해 설명해줍니다. "너희 자신을 종으로 내주어 누구에게 순종하든지 그 순종함을 받는 자의 종이 되는 줄을 너희가 알지 못하느냐 혹은 죄의 종으로 사망에 이르고 혹은 순종의 종으로 의에 이르느니라." 복종하는 자의 종이 된다는 것은 아주 간단한 원리입니다. 금단의 열매를 먹음으로 사탄에게 복종한 아담은 사탄을 신뢰한 영역에 의해 사탄의 종이 되었습니다. 그 결과가 요한일서 5장 19절에 기록되어 있습니다. "온 세상은 악한 자 안에 처한 것이며"

타락에 의해 인간은 하나님의 형상이 손상됨으로써 우리의 목적의 정의도 뒤틀려지게 되었습니다. 우리가 속죄함 받음으로써 하나님의 형상이 회복되기 시작하였으며, 권세를 합당하게 실행하는 것도 회복될 것입니다. 우리의 본질은 '다스리는 것' 이지만, 하나님의 형상을 회복하기 전에 다스리게 되면, 권세를 도용하는 것입니다. 우리가 권세를 구하는 것보다 하나님처럼 되기를 더 많이 구하면, 우리를 신뢰하시고 더 많은 권세를 주십니다. 그리스도를 닮는 것을 근본적인 목표로 삼아 계속해서 지켜나가고, 도래할 그분의 나라인 이 땅에서 그분의 다스리심을 회복시키는 길로 계속 나아가야 합니다. 이 일을 행하면 그분이 하시는 것처럼 그 권세를 실행하게 되는데, 마태복음 20장 25-28절에 기록하고 있는 것처럼 다스리는 자들을 위하고 다스리는 자들을 섬길수 있게 됩니다.

"예수께서 제자들을 불러다가 이르시되 이방인의 집권자들이 그들을 임의로 주관하고 그 고관들이 그들에게 권세를 부리는 줄을 너희가 알거니와 너희 중에는 그렇지 않아야 하나니 너희 중에 누구든지 크고자 하는 자는 너희를 섬기는 자가 되고 너희 중에 누구든지 으뜸이 되고자 하는 자는 너희의 종이 되어야 하리라 인자가 온 것은 섬김을 받으려 함이 아니라 도리어 섬기려 하고 자기 목숨을 많은 사람의 대속물로 주려 함이니라"

예수님은 "마지막 아담"이십니다(고전 15:45). 주님은 인간에 의해 잃어버린 것을 회복시켜 주시려고 인간으로 오셨습니다. 우리가 신약 성경에서 볼 수 있는 반복되는 주제는 예수님께서 인간만을 속죄하시려고 이 땅에 오신 것이 아니라 온 세상을 속죄하시고 아담의 저주 아래 있는 모든 것을 속죄하시려 오신 것입니다. 하나님 나라는 예수님의 권세가 인정되는 곳입니다. 부름 받은 우리의 소명은 이 땅이 속죄함 받았다는 하나님 나라의 메시지를 선포하는 것입니다. 이 메시지가 완전하게 선포되면 왕 되신 주님께서 다시 오셔서 그분의 생명을 주고 사신 권세를 취하실 것입니다. 만약 우리 자신이 하나님의 백성이면 그 나라의 사신이 될 수 있습니다. 그분의 나라를 선포하려면, 지금 예수님의 권세 아래 살아가야만 합니다.

마태복음 8장 8-10절을 보면 큰 믿음을 가진 백부장에 관한 이야기가 기록되어 있습니다. 거기서 우리는 권세를 이해하는 것이 큰 믿음을 소유할 수 있는 근원이 되는 것을 배울 수 있습니다.

믿음은 이적을 일으키는 권세의 근본입니다. 우리의 왕이신 주님의 권세 아래 있는 정도만큼 권세를 가지게 됩니다. 참된 믿음은 그분께 순종하는 것입니다. 우리가 그분의 권세를 완전하게 이해하게 되면, 그분은 우리를 신뢰하시고 충만한 권세를 허락해 주십니다.

DAY 16

연합

"하나님이 자기 형상 곧 하나님의 형상대로 사람을 창조하시되 남자와 여자를 창조하시고" (창 1:27)

인간은 원래 남자와 여자로 창조되었습니다. 남자로부터 여자를 만드신 후에, 하나님의 형상을 드러내기 위해서 남자와 여자가 필요하게 되었습니다. 그 어떤 남자도 하나님의 형상을 완전하게 드러낼 수 없고 여자의 경우에도 마찬가지가 됩니다. 남자와 여자 둘 다가 필요한 것입니다. 그래서 마귀의 근본적인 공격 중의 하나가 남자와 여자를 속여서 서로가 필요 없는 것처럼 생각하게 만드는 것입니다. 그러므로 동성애는 우리가 창조된 목적의 궁극적인 타락의 하나인 것입니다.

이러한 이유 때문에 마귀는 남자와 여자를 동생애로 몰아넣지 못할 경우 적어도 그 구별이 애매모호하게 만들려고 하는 것입니다. 마귀는 남자를 여자처럼 되게 하려하고, 여자를 남자처럼 되게 해서 참된 연합인 남자와 여자의 연합을 하지 못하도록 합니다. 남자가 그의 아내와 하나가 되는 것은 그의 아내를 남자로 만들어서 하나가 되는 것이 아니라 그의 아내와 다른 점을 인식하고 그녀의 다른 점을 존중함으로써 되는 것입니다. 마찬가지로 여자가 그녀의 남편과 하나가 되는 유일한 길은 남편이 자신과 다른 것을 인식하고 그것을 존중함으로서 되는 것입니다.

일반적으로 여자는 남자가 소유하지 못한 강함과 견해를 가지고 있고, 남자는 여자가 소유하지 못한 강함과 견해를 가지고 있습니다. 이는 고정관념이 아니고 단순히 각기 다르다는 사실을 인식해야 한다는 것입니다. 하나님의 형상을 나타내기 위해 남자와 여자가 하나 되는 길은 서로가 다르다는 것을 인식하고 상호 반대가 아닌 상호 보완이라는 것을 앎으로 되는 것입니다.

고린도후서 3장 18절은 "우리가 다 수건을 벗은 얼굴로 거울을 보는 것 같이 주의 영광을 보매 그와 같은 형상으로 변화하여 영광에서 영광에 이르니 곧 주의 영으로 말미암음이니라"라고 기록하고 있습니다. 주님의 형상으로 변하기 위해서 수건을 벗은 얼굴로 그분의 영광을 보아야 합니다. 마귀는 인류에게 많은 것으로 가리려고 하고 있는데, 심지어 우리가 주님의 영광을 보는 것까지 왜곡하려 하고 주님의 참된 모습까지 곡해하려고 합니다. 비록 하나님의 형상은 남자와 여자이지만, 그리고 그분의 안에는 닭이 병아리를 품는 것 같은 본성이 있지만, 성경은 하나님을 "아버지"로 묘사하고 있지 "어머니"로 부르지 않습니다. 이것을 흐리게 하는 것은 아주 두꺼운 수건으로 가려서 하나님의 형상을 왜곡하는 것입니다.

"아버지"란 의미는 "생명을 주시는 분"이라는 것입니다. 아버지께서는 씨를 주시고 어머니는 씨를 자라게 하시는 것입니다. 성경에서 우리는 창조를 어머니라고 하는 것을 볼 수 있습니다. 성경에서는 또한 이스라엘과 교회를 '어머니'로 언급하고 있습니다. 여자가 아담으로부터 취해져서 둘이 함께 해야 완전한 하나님의 형상이 되는 것처럼, 주님께서는 피조물에게 그분의 영광을 나타내시려고 그분의 신부에게 완전히 연합하시게 됩니다. 그러나 우리가 다른 점을 바라볼 수 없으면 연합이란 없습니다. 하나님은 아버지이시며, 그분은 전적으로 남성이십니다. 그분의 영광을 보고 그분의 형상으로 변하려면 이 근본적인 진리를 타협해서는 안 됩니다.

우리 시대에는 남자와 여자의 역할이 엄청나게 변하였습니다. 하지만 아무리 원수 마귀가 의도하는 악일지라도 하나님을 사랑하는 자들에게는 선한 것으로 바뀝니다. 교회 역시 남자와 여자에 대한 하나님의 역할을 이해하는데 허우적거리고 있으나, 우리는 이러한 상황들을 통해 하나님의 깊고 오묘한 뜻을 찾아야 합니다. 남자가 남자로서 부름 받은 사역을 감당하고 여자가 여자로서 부름 받은 사역을 감당할 때, 그들이 누구를 나타내려고 부름 받은 것인지 서로의 마음을 깊이 헤아린다면 온 세상이 그들을 경외하게 될 것입니다.

고린도전서 4장 15절에서 사도 바울은 "그리스도 안에서 일만 스승이 있으되 아버지는 많지 아니하니 그리스도 예수 안에서 복음으로써 내가 너희를 낳았음이라"라고 진술 하였습니다. 이는 오늘날의 교회에서도 동일합니다. 많은 교사가 있지만 재생산하는 아버지는 없습니다. 이것이 바로 가장 큰 교회들과 운동들이 그것의 창시자가 죽으면 소멸하는 이유이기도 합니다. 그들은 자신들의 사역을 다른 사람들에게 재생산하도록 하지 못했거나 다른 사람이 계속해서 번성하게 하지 못했기 때문입니다. 교회에 영적인 아버지가 많지 않은 이유는 한 사람이 아버지가 되려면 반드시 어머니 역할을 하는 여성 사역자가 있어야 하는데 그러지 못하기 때문입니다. 교회에서 여성들이 그들의 자리를 정확하게 자리 잡을 때까지 재생산은 계속해서 한계가 있을 수밖에 없습니다. 이것은 우리 시대의 아주 중요한 이슈입니다. 교회가 여성을 진정으로 해방시키지 못하면, 세상은 계속해서 더 깊게 여성 해방을 방해하고 박해할 것은 분명한 사실입니다. 주님보다 여성을 해방시키려고 열망했던 사람은 없습니다. 여성이 진정으로 해방되지 않고는 남성도 진정으로 해방될 수 없습니다. 그리스도의 몸 중에 어느 한 부분이라도 속박을 당하고 있으면, 우리 모두가 속박을 당하고 있는 것입니다.

DAY 17

임무

"하나님이 그들에게 복을 주시며 하나님이 그들에게 이르시되 생육하고 번성하여 땅에 충만하라, 땅을 정복하라, 바다의 물고기와 하늘의 새와 땅에 움직이는 모든 생물을 다스리라 하시니라 하나님이 이르시되 내가 온 지면의 씨 맺는 모든 채소와 씨 가진 열매 맺는 모든 나무를 너희에게 주노니 너희의 먹을 거리가 되리라 또 땅의 모든 짐승과 하늘의 모든 새와 생명이 있어 땅에 기는 모든 것에게는 내가 모든 푸른 풀을 먹을 거리로 주노라 하시니 그대로 되니라 하나님이 지으신 그 모든 것을 보시니 보시기에 심히 좋았더라 저녁이 되고 아침이 되니 이는 여섯째 날이니라" (창 1:28-31)

주님께서 다시 한번 창조하신 것을 축복하고, 그들에게 생육하고, 번성하고, 땅에 충만하고, 정복하고, 다스리라고 말씀하셨습니다. 주님의 축복은 아담이 불순종한 후에도 계속되며, 축복은 그로 하여금 이 모든 것을 완수하도록 여전히 그에게 남아 있었습니다. 그는 생육하고, 번성하고, 땅에 충만하고, 땅을 정복하고 땅을 다스렸습니다. 하나님은 이를 위해 인간을 만드셨고 그러므로 이는 잘못된 것이 아닙니다. 어떤 사람들은 인간이 하는 모든 것은 자연적인 것이 아니라고 믿는데, 분명한 것은 인간 역시 자연의 한 부분이라는 사실입니다. 인간이 땅에 충만하고, 정복하고 다스리지 않으면 땅은 주님께서 원래 창조한 목적을 완수할 수 없습니다.

그러나 죄에 의해 인간의 본질이 타락되었고 죄에 의해 잔인한 죽음이 생겨났기 때문에, 인간이 땅을 정복하고 다스리는 것이 인간의 이기심에 의해 비극적으로 왜곡되어 버렸습니다. 이미 말씀드렸던 것처럼, 주님께서 원래 창조하신 다스림의 의미는 지배하는 것이 아니고 섬기는 것이었습니다. 즉 인간을 위해 창조된 세상을 다스리는 동시에 섬기는 것이었습니다. 인간이 죄 속함을 받고 회복되면, 다스림의 본래의 모습도 회복될 것입니다.

마지막 아담이신 예수님께서 그의 왕국을 세우시기 위해 재림하시면, 첫 번째 아담에게 주셨던 원래의 임무가 회복되게 될 것입니다. 다음은 이사야가 주님의 나라의 도래에 관하여 한 예언입니다.

"그 때에 이리가 어린 양과 함께 살며 표범이 어린 염소와 함께 누우며 송아지와 어린 사자와 살진 짐승이 함께 있어 어린 아이에게 끌리며 암소와 곰이 함께 먹으며 그것들의 새끼가 함께 엎드리며 사자가 소처럼 풀을 먹을 것이며 젖 먹는 아이가 독사의 구멍에서 장난하며 젖 뗀 어린 아이가 독사의 굴에 손을 넣을 것이라 내 거룩한 산 모든 곳에서 해됨도 없고 상함도 없을 것이니 이는 물이 바다를 덮음 같이 여호와를 아는 지식이 세상에 충만할 것임이니라" (사 11:6-9)

이 말씀은 가장 낙천적인 철학자들이 상상하던 유토피아보다도 더 큰 희망의 말씀입니다. 이는 우리가 그리스도 안에서 가지는 확실한 소망이며, 우리를 실망시키지 않는 소망입니다. 베드로가 선포한 것처럼 모든 만물의 회복이 있을 것이므로, 우리는 다음의 말씀처럼 해야 합니다.

"그러므로 너희가 회개하고 돌이켜 너희 죄 없이 함을 받으라 이같이 하면 새롭게 되는 날이 주 앞으로부터 이를 것이요 또 주께서 너희를 위하여 예정하신 그리스도 곧 예수를 보내시리니 하나님이 영원 전부터 거룩한 선지자들의 입을 통하여 말씀하신 바 만물을 회복하실 때까지는 하늘이 마땅히 그를 받아 두리라" (행 3:19-21)

그리스도께 돌이오면 올수록, 그분께 더 기꺼이 다기기게 되고 우리가 다스리는 것에 더 많이 의롭게 됩니다. 인간이 의롭게 다스리는 것이 회복되면, 창조된 모든 것의 질서와 조화 역시 회복되게 됩니다.

온 세상이 원래의 에덴동산처럼 되는 것입니다. 거기는 굶주림도 전쟁도 어린이 학대도 질병도 죽음도 존재하지 않습니다. 예수님께서 십자가에서 이루신 것은 '모든 만물을 회복' 하신 것입니다. 인간의 역사적 사건들을 통해서 창조된 모든 것은 죄의 결과를 배웠을 뿐 만 아니라, 넘치는 하나님의 사랑과 용서도 배웠습니다.

만약 예수님께서 십자가에서 이 모든 것을 성취하셨다면, 왜 주님은 즉각적으로 사탄을 결박해서 불 못에 던져버리시지 아니하시고 이러한 회복을 부활 하신 후 즉시 행하시지 않으셨던 것일까요? 왜냐하면 주님의 근본적인 목적 중 하나는 신부를 가지시는 것인데, 그분은 신부가 여왕이 되어 그분과 함께 다가 올 세상을 다스리시기를 원하셨던 것입니다. 이 여왕은 스스로가 그러한 큰 권세를 가질 수 있다는 것을 천사들과 하늘에 있는 주관자들과 권세 잡은 자들 앞에서 증명해야 합니다. 첫 번째 아담의 신부는 완전한 세상에서 살았지만 죄를 선택하였습니다. 마지막 아담의 신부는 가장 악한 시대에서 살지만 가장 큰 원수를 대적하고 순종을 선택합니다. 그러면 모든 피조물들이 신부되는 교회가 어린 양과 함께 다스릴 가치가 있다는 것을 알게 될 것입니다.

DAY 18

안식일

"천지와 만물이 다 이루어지니라 하나님이 그가 하시던 일을 일곱째 날에 마치시니 그가 하시던 모든 일을 그치고 일곱째 날에 안식하시니라 하나님이 그 일곱째 날을 복되게 하사 거룩하게 하셨으니 이는 하나님이 그 창조하시며 만드시던 모든 일을 마치시고 그 날에 안식하셨음이니라 이것이 천지가 창조될 때에 하늘과 땅의 내력이니 여호와 하나님이 땅과 하늘을 만드시던 날에" (창 2:1-4)

여섯째 날의 마지막에 인간이 창조되었기 때문에, 인간의 첫 번째 하루는 하나님께서 안식하셨던 창조의 일곱 번째 날이었습니다. 인간이 처음부터 하나님과 교제하기 위해서는 하나님의 안식에 들어감으로서 이루어지게 되는 것입니다. 이는 오늘도 우리가 하나님과 교제하기 위해서 본질적으로 필요한 것입니다. 이것이 히브리서 3장과 4장에서 약속의 땅을 하나님의 안식과 동일시한 이유입니다. 하나님은 인간을 휴식이 필요한 존재로 만드셨습니다. 그러나 인간이 필요한 휴식은 단순하게 잠을 자는 것만을 의미하지 않습니다.

시편 46장 10절에서 하나님께서는 "너희는 가만히 있어 내가 하나님 됨을 알찌어다"라고 말씀하셨습니다. "가만히 있어"는 노력하는 것을 멈추라는 뜻인데, 이는 우리가 하나님이 하나님이신 줄을 모르고 있다는 사실을 보여주는 것입니다. 하나님이 하나님이신 줄 알면, 우리는 그분이 모든 권세와 권능 그리고 통치권자들 위에 계시다는 것을 알아야 합니다. 하나님이 하나님이신 줄 알면, 그분께서 모든 것을 조종하신다는 것을 신뢰해야 하고 그분께서 실제로 모든 것을 우리의 이익을 위해 하신다는 것을 알아야 합니다. 이것을 알 때 하나님을 알지 못하는 자들은 절대로 느낄 수 없는 안식과 평화와 안전을 소유하게 됩니다. 안식과 평화는 어떤 상황에 처해 있든지 모든 성도들의 특징이 되어야 합니다.

가만히 있지 못하는 것은 불안함의 결과입니다. 불안함은 하나님을 향한 불신앙의 결과입니다. 이것은 로마서 14장 23절에서 발견할 수 있듯이 죄 입니다. "믿음으로 좇아 하지 아니하는 모든 것이 죄니라" 베드로전서 5장 6-7절은 "그러므로 하나님의 능하신 손 아래서 겸손하라 때가 되면 너희를 높이시리라 너희 염려를 다 주께 맡기라 이는 저가 너희를 돌보심이라"라고 권고하고 있습니다. 하나님 앞에서 우리 자신을 겸손하게 하는 것은 우리의 걱정과 근심을 하나님께 맡기는 것입니다. 걱정과 근심은 자만입니다. 이는 어떤 문제가 하나님께 너무 커서 우리 자신이 해결해야 한다고 생각하는 자만인 것입니다.

약속의 땅에는 믿음으로 들어간 것입니다. 의심은 여호수아와 갈렙을 제외한 애굽에서 나온 모든 세대를 광야에서 멸망하게 만들었습니다. 마찬가지로 수많은 기독교인들이 그들의 삶에서 하나님의 약속에 도달하지 못하는데, 그 이유는 믿음이 아닌 의심이 그들을 지배하도록 하기 때문입니다. 우리가 우리의 믿음을 나타내는 근본적인 방법의 하나는 하나님의 약속과 하나님 안에 안식하는 것입니다. 우리가 진심으로 그분을 신뢰한다면 심지어 시련을 당하는 중에도 그분의 안식과 평화를 가져야 합니다.

에스겔 44장 18절은 우리에게 제사장에 관해 "가는 베관을 머리에 쓰며 가는 베 바지를 입고 땀이 나게 하는 것으로 허리를 동이지 말 것이며"라고 말해주고 있습니다. 땀은 우리 자신의 힘을 사용한 결과로 생기는 것으로 이 말씀에서 땀은 우리 자신의 노력으로 사역하려고 하는 것을 의미하는 것입니다. 우리가 주님의 제사장이 되려면 땀을 흘리게 하는 것은 절대로 소유해서는 안 됩니다. 마태복음 11장 28-30절에서 주님께서는 우리를 손짓하며 부르시고 계십니다.

> "수고하고 무거운 짐 진 자들아 다 내게로 오라 내가 너희를 쉬게 하리라 나는 마음이 온유하고 겸손하니 나의 멍에를 메고 내게 배우라 그리하면 너희 마음이 쉼(안식)을 얻으리니 이는 내 멍에는 쉽고 내 짐은 가벼움이라 하시니라"

멍에는 일하는 것을 의미합니다. 우리가 주님의 멍에를 지면 그분의 능력이 일을 하게 되고 우리는 단지 앉아서 몰기만 하면 되는 것입니다. 그분께서 태초부터 일하신 것처럼, 그분께서 우리에게 허락 하신 성령께서 일 하시는 것입니다. 사도행전 7장 48절은 우리에게 "지극히 높으신 이는 손으로 지은 곳에 계시지 아니하시나니"라고 말해주고 있습니다. 사도행전 7장 25절에서 사도 바울은 아덴의 사람들에게 "저는 그 형제들이 하나님께서 자기의 손을 빌어 구원하여 주시는 것을 깨달으리라 생각하였으나"라고 말씀하셨습니다. 우리들이 가장 잘한 모든 것도 하나님께는 아무 이익도 되지 못합니다. 우리는 아주 단순하게 순종하고 그분 안에 거하라고 부름 받았습니다. 우리가 그분 안에 안식하면 그분은 우리를 통해 역사하시고 우리는 실제로 안식을 얻고 회복을 얻게 됩니다.

우리는 그분의 부르심에서 그분의 멍에를 져야 하는 것을 알아야 합니다. 멍에를 짐으로 부드러움과 겸손함을 그분을 통해서 배우게 됩니다. 만약 우리가 주님의 가장 큰 특징인 이 두 가지 부드러움과 겸손을 잃어버리게 되면, 우리는 스스로의 힘으로 일을 하게 됩니다. 땀을 흘리고 가만히 있지 못하면 그분 안에 거하지 못하고 그분 안에 안식하지 못하고 있다는 것을 알아야 합니다.

하나님과 인간

DAY 19

"여호와 하나님이 땅에 비를 내리지 아니하셨고 땅을 갈 사람도 없었으므로 들에는 초목이 아직 없었고 밭에는 채소가 나지 아니하였으며 안개만 땅에서 올라와 온 지면을 적셨더라 여호와 하나님이 땅의 흙으로 사람을 지으시고 생기를 그 코에 불어넣으시니 사람이 생령이 되니라"

(창 2:5-7)

하나님께서는 왜 다른 것들을 창조하실 때처럼 말씀으로 인간이 되라고 하지 않으셨습니까? 단순히 말씀으로 인간이 되라고 하신 대신

마치 예술가가 흙으로 도기를 만드는 것처럼 인간을 만드셨습니다. 그후에 그 코에 생기, 즉 하나님의 생명을 불어 넣으셨습니다. 생기(breath)로 번역된 히브리어는 '네사마(nesh-aw-naw)'로서 '하나님의 영감' 또는 '지성'으로도 번역할 수도 있는 단어입니다. 인간은 하나님의 형상대로 만들어졌는데, 단순이 외형만이 아니라 이성과 인식하는 것까지 포함되어 있습니다. 인간은 피조물 중에 아주 특별한 존재인 것입니다.

인간은 땅(흙)으로부터 만들어졌고, 땅은 그의 활동 공간이며, 그를 만드신 하나님께 나아갈 수 있는 마음을 소유하고 태어났습니다. 하나님은 영이시며, 인간은 영이신 하나님과 특별한 교제를 하도록 만들어졌습니다. 이런 이유 때문에 모든 인간은 하나님과 교제 할 때만 채워질 수 있는 영적 공간이 있습니다.

인간은 흙에서 태어난 자연적인 존재이지만, 초자연적인 하나님으로부터 생명의 흔적을 받았습니다. 그렇기 때문에 인간은 초자연적인 것을 갈망하는 것입니다. 이 영적인 굶주림과 초자연적인 현상에 매혹되는 부분이 하나님과의 교제로 채워지지 못하면, 지금까지 증거된 바에 의하면 이 빈 공간을 미신이나 마귀로부터 기인되는 초자연적인 것으로 채우려고 한다는 것입니다. "인간에게 음식을 주지 않으면 독을 삼켜버릴 것"이라는 격언이 있습니다. 인간에게는 반드시 하나님이 필요합니다.

하나님 없이는, 사업적으로 가장 크게 성공하고 가장 높은 자리에 올라 성공했을지라도 우리 안에는 여전히 빈 공간이 존재하게 됩니다. 우리는 그분을 위해 창조되었고 우리가 내쉬는 바로 그 숨은 숨을 허락하신 분을 찾기에 갈급해 있습니다. 우리는 그분을 위해 창조되었으며 그분 없이는 절대로 완전해 질 수 없습니다. 기록된 6천 년의 인간 역사가 가장 중요한 부분인 이 사실을 선포해주고 있습니다. 우리는 모든 것들은 하나님과 바꾸려고 하였습니다. 그러나 하나님과의 교제를 잃는 것보다 차라리 모든 것을 다 잃는 것이 훨씬 더 좋은 것임을 알아야 합니다.

하나님과 교제하는 것이 우리 존재의 근본적이고 기본적이며, 이는 또한 한량없는 특권이기도 합니다. 전능하신 분과 교제하는 것보다 더 귀하고 놀라운 것이 어디 있겠습니까? 다윗 왕은 어찌 하나님께서 인간을 사랑하시는지요?라고 질문했습니다. 이해하기가 어렵기는 하지만 분명한 것은 하나님은 우리를 사랑하시며 우리와 가까워지기를 원하십니다. 우리는 하나님의 기쁨을 위해 창조되었습니다. 텐트의 커튼처럼 하늘을 늘리시는 그분께서 우리와 가까이 하는 것을 즐거워하십니다. 이것을 이해하지 못해 하나님과의 교제를 올바로 하지 못하는 비극적인 우를 범하지는 않았는지요?

고린도전서 1장 6-9절에서 사도 바울은 이를 놀라울 정도로 간단명료하게 진술하고 있습니다.

"그리스도의 증거가 너희 중에 견고하게 되어 너희가 모든 은사에 부족함이 없이 우리 주 예수 그리스도의 나타나심을 기다림이라 주께서 너희를 우리 주 예수 그리스도의 날에 책망할 것이 없는 자로 끝까지 견고하게 하시리라 너희를 불러 그의 아들 예수 그리스도 우리 주와 더불어 교제하게 하시는 하나님은 미쁘시도다"

예수님에 관계된 이 증거는 우리가 어떤 은사도 모자람 없이 가지게 되면 우리 안에서 확인되게 됩니다. 성령의 은사는 고린도전서 12장 4-12절에 기록되어 있고, 31절에는 "더 큰 은사를 사모하라"라고 기록되어 있습니다. 그리고 고린도전서 14장 1절에는 다시 "사랑을 따라 구하라 신령한 것을 사모하되 특별히 예언을 하려고 하라"라고 말씀하고 있습니다. 예수님은 지상사역 동안 이 모든 성령의 은사를 보여 주셨습니다. 그러므로 모든 은사가 우리를 통해 역사하면 그리스도께서 우리를 통해 역사하신다는 것을 증거 하는 것이 됩니다. 이는 혼자 하는 것이 아니고 연합하여 하게 되는 것입니다. 그분은 우리들이 연합하여 그분을 완전하게 증거 하게 하기 위하여 은사를 각 사람에게 나누어 주셨습니다.

열성으로 영적 은사를 사모하는 것은 참 잘하는 것입니다. 이것이 바로 모든 인간이 가지고 있는 영적인 빈 공간을 채우려고 갈망하는 바로 그 부분을 채우는 것입니다. 왜냐하면 우리는 초자연적인 하나님과 교제하도록 창조되었기 때문입니다. 우리에게 허락하신 성령의 움직이심을 통해서 우리는 그리스도와 교제 할 수 있습니다. 성령께서 우리를 치료하시려고 움직이시면, 우리를 불쌍히 여기시는 그분께서 우리의 상한 부분을 만져 주십니다. 그분께서 우리를 통하여 예언의 말씀을 하실 때, 그분의 마음이 우리를 만져주십니다. 영적 은사를 갖는 것은 영이신 하나님과 교제하는 하나의 방법입니다.

DAY 20

노동

"여호와 하나님이 동방의 에덴에 동산을 창설하시고 그 지으신 사람을 거기 두시니라 여호와 하나님이 그 땅에서 보기에 아름답고 먹기에 좋은 나무가 나게 하시니 동산 가운데에는 생명 나무와 선악을 알게 하는 나무도 있더라 여호와 하나님이 그 사람을 이끌어 에덴 동산에 두어 그것을 경작하며 지키게 하시고" (창 2:8-9,15)

주님께서는 사람을 위해 완전한 환경을 정성스럽게 그리고 훌륭하게 준비하셨습니다. 그분은 사람을 만드셨기 때문에 무엇이 사람에게 가장 좋은지를 아셨고 그가 즐거워할 것이 무엇인지 정확하게 알고 계셨습니다. 그분은 또한 사람으로 자신의 환경을 가꾸도록 만드셨는데 이를 위해 일을 해야만 했습니다. 어떤 사람들은 일하는 것이 저주의 결과라고 잘못 알고 믿고 있는데, 사람은 이미 타락 전에 동산에서 일을 하였습니다. 일하는 것이 저주의 결과가 아니고, '힘든 수고' 가 저주의 결과입니다. '힘든 수고' 는 일하는 것과는 다릅니다. 힘든 수고는 힘이 들고 고통이 따르는 노동입니다. 힘든 수고는 창조와 협력하는 것이 아니고 창조와 역행하는 것입니다.

사람은 하나님과 교제하기 위해 창조되었으며 이 땅을 경작하기 위해 창조되었습니다. 그러므로 사람은 일하기 위해 창조되었고, 뜻 있는 일은 인간의 안녕과 완성을 위해 꼭 필요한 것입니다. 여기서 '뜻 있는' 이라는 단어가 아주 중요합니다. 주님은 우리가 하는 일을 통해서 우리가 깊은 만족을 얻도록 의도 하셨습니다. 우리 삶에서 뜻있는 일을 성취하지 않는다면, 텅 비고 방향을 잃어 또 다른 공허를 느끼게 됩니다. 모든 사람이 뜻있는 일을 찾는 것은 아주 근본적인 것입니다.

창세기 2장에는 두개의 히브리어 단어가 영어로는 한 단어 '경작하다' (cultivate, 우리말 성경은 '다스리며' 로 번역하였습니다)로 번역되었습니다. 아우바드(aw-bad')는 '봉사하다' 라는 의미가 있고, 샤우마아(shaw-mar')는 '막다, 감시하다, 보호하다' 의 의미가 있습니다. 두 의미 모두 사람의 유전적인 특징입니다. 이전의 말씀인 창세기 2장 5절은 "여호와 하나님이 땅에 비를 내리지 아니하셨고 땅을 갈 사람도 없었으므로 들에는 초목이 아직 없었고 밭에는 채소가 나지 아니하였으며"라고 적고 있습니다." 주님은 그분의 계획된 창조의 부분으로 사람의 도움으로 생겨날 것을 준비해두셨고 그것을 남겨 두셨던 것입니다.

우리의 본질의 한 부분은 주님께서 우리를 위해 준비해 주신 것을 취하고 그것에 우리의 손을 대는 것입니다. 그렇게 하는 것은 어떤 사람들은 신성모독이라고 생각할지 모르지만, 하나님께서 사람에게 주신 창조적인 본성을 발휘할 수 있도록 하나님께서 사람에게 그렇게 하도록 남겨두셨다는 것을 이해하면 그것은 절대로 신성모독이 아닙니다. 하나님은 에덴동산에 사람이 손을 대는 것을 원하셨습니다. 그분은 또한 사람이 동산을 지키고 보호하며 사람의 마음으로 "소유하기"를 원하셨습니다. 즉 하나님은 사람이 기여하기를 원하셨던 것입니다.

우리에게는 어떤 것에 우리 자신의 것을 더하려는 방법을 찾으려 하고, 그것을 개선하고, 신뢰되어진 만큼 보호하려고 하는 본성이 있습니다. 우리가 가진 모든 은사와 특징을 바른 곳에 쓰지 못하면 잘못된 곳에 쓰고 맙니다. 그것을 무엇인가 세우는데 쓰지 못하면 무엇인가를 파괴하는데 쓰고 마는 것입니다. 인간은 창조적인 존재로 창조되었으며, 그것은 우리에게 주어진 하나님의 형상 중의 기본적인 부분입니다.

사람은 하나님 안에서 안식하도록 부름 받았고 반면에 하나님과 함께 일하여야만 합니다. 일을 하되 우리는 하나님께서 일하도록 창조하신 것을 찾아서 해야 합니다. 에베소서 1장 4절은 우리에게 "곧 창세 전에 그리스도 안에서 우리를 택하사 우리로 사랑 안에서 그 앞에 거룩하고 흠이 없게 하시려고"라고 말씀하고 있습니다. 세상이 창조되기 전부터 하나님께서 우리를 알고 계셨고 우리를 선택하셨습니다. 특별하시고 명확하신 하나님께서는 우리를 위해 무엇을 창조 하실 것인지 알고 계셨습니다. 우리 각자는 특별하게 해야 할 일이 있습니다. 각 사람마다 소명이 다릅니다. 우리의 소명을 감당하기 전에는 절대로 우리 마음에 참된 평화와 성취를 알 수 없습니다.

우리의 소명이 무엇인지 어떻게 알 수 있습니까? 너무 축소해서 말씀하는지 모르지만, 에베소서 1장 4절의 마지막 두 단어 "사랑 안에서"(영어 성경은 마지막 두 단어가 "In love" 입니다)가 우리의 소명입니다. 왜냐하면 우리는 목적을 가지고 창조되었는데, 우리가 부르심 받아 해야 할 가장 중요한 것은 사랑으로 해야 하는 것입니다. 요한복음 7장 38절은 "나를 믿는 자는 성경에 이름 같이 그 배에서 생수의 강이 흘러나리라"라고 말씀하고 있습니다. 생수는 우리 마음 깊은 곳으로부터 흘러나오는데, 그것은 바로 아주 깊은 사랑입니다.

하나님은 우리 마음 속에 있는 가장 깊은 열망을 표현하도록 우리를 창조하시고 부르셨습니다. 그러나 대부분의 사람들은 무거운 짐을 지거나 다른 사람들의 기대나 멍에로 결박되어 있습니다. 이런 상태에 있는 사람들은 하나님께서 부르셔서 그들이 지고 가도록 한 멍에를 발견하기 전에 먼저 그들의 마음이 철저하게 갱생되어야 합니다. 우리가 창조되어서 해야 할 일을 알게 된다면 평화와 성취의 삶을 살게될 때까지 우리는 이 여정을 계속하고 포기해서는 안 됩니다.

DAY 21

시험

"여호와 하나님이 그 사람에게 명하여 이르시되 동산 각종 나무의 열매는 네가 임의로 먹되 선악을 알게 하는 나무의 열매는 먹지 말라 네가 먹는 날에는 반드시 죽으리라 하시니라" (창 2:16-17)

주님은 사람을 타락의 원인이 되게 하려고 금지된 나무를 동산에 두신 것이 아닙니다. 그분은 그 나무를 그곳에 두어서 사람이 주님께 순종하고 헌신하는 것을 증명할 장소를 만드신 것입니다. 만약 불순종할 수 있는 자유가 없다면, 진심에서 우러나오는 순종은 존재할 수 없습니다. 주님은 사람이 선택해야만 할 것을 만들어 주신 것입니다. 우리는 하나님과 교제하도록 창조되었고 또한 그분과 함께 생산적인 일을 하도록 창조 되었습니다. 사람은 또한 자유롭게 창조되었으며, 우리가 자유롭지 못하면 우리는 완전한 것이 아닙니다.

자유는 인간의 자연적인 상태입니다. 반면에 자유는 어려운 것이기도 합니다. 자유와 함께 따라 오는 책임 없이는 자유를 누릴 수 없습니다. 하나님께서 사람에게 엄청난 것을 성취하도록 주신 자유는 사람으로 비극적인 실수를 자아내게 할 수도 있는 것입니다. 실수는 결과가 따르게 마련입니다. 그렇다고 하더라도 부르심의 자유함으로부터 빠져 나올 수는 없는 것입니다. 누군가가 우리를 위해 모든 중요한 결정을 다 해준다면 사는 것이 쉬울지 모르지만, 우리는 자유를 누리도록 창조되었기 때문에 자유가 없다면 끊임없이 실망하게 됩니다.

삶에서 가장 충만한 경험의 대부분은 솔선했을 때와 올바른 선택을 했을 때와 그 결과를 보았을 때입니다. 가장 낙심하고 고통스러운 경험은 잘못된 것을 선택했을 때입니다. 후자를 피하기 위해 많은 사람들은 사이비 종교나 그들의 결정을 대신해주는 단체들에서 속박의 삶을 선택합니다. 그러나 제 2차 세계대전을 통해 독일 국민들이 배운 것처럼, 그러한 것을 선택하는 것은 항상 더 잘못된 결과를 가져오게 됩니다. 우리는 자유를 누리도록 창조되었기에, 절대로 자유를 누리지 못하도록 창조된 것처럼 살 수 없습니다. 자유와 함께 따라 오는 책임을 인정하고 올바른 선택을 합시다.

　많은 사람들은 자유의 책임에서 벗어나려고 율법 아래 살려고 하는 속박에 매여 있습니다. 우리는 구약성경을 율법으로 신약성경을 은혜로 생각하는 경향이 있습니다. 그러나 이것이 반드시 참된 것은 아닙니다. 구약의 언약은 문자요 신약의 언약은 성령입니다. 만약 신약의 언약을 성령 없이 읽는다면, 이는 그저 율법이 될 뿐입니다. 그래서 성령 없이 읽게 되면 그리스도 안에서 거하는 것을 찾는 것이 아니라 문자에 의해 의를 세우려고 시도하게 됩니다.

　신구약 성경은 우리를 위해 기록된 하나님의 말씀입니다. 예수님은 "성경은 폐하지 못하나니"(요 10:35)라고 말씀하셨는데, 이 말씀은 신구약 성경이 분리할 수 없는 하나라는 의미입니다. 사실 신약성경에 기록된 "성경"이란 말은 모두 구약성경을 지칭하는 것입니다. 왜냐하면 그 당시에는 신약성경이 집필되는 중이었기 때문입니다. 구약성경은 신약성경의 믿음의 근원이 됩니다. 구약성경은 교회의 기반이 되는 교리의 기본 토대가 될 뿐 아니라 하나님 나라의 복음의 기본 토대가 됩니다(롬 16:25-26, 행 28:23 참조). 누가복음 24장 25-27절에서 볼 수 있듯이 구약성경은 예수님의 모든 메시지에서 언급하신 성경 말씀이 기록된 책이기도 합니다.

　"이르시되 미련하고 선지자들이 말한 모든 것을 마음에 더디 믿는 자들이여 그리스도가 이런 고난을 받고 자기의 영광에 들어가야 할 것이 아니냐 하시고 이에 모세와 모든 선지자의 글로 시작하여 모든 성경에 쓴 바 자기에 관한 것을 자세히 설명하시니라"

요한복음 5장 46-47절은 이에 관해 아주 중요한 진술을 하고 있습니다.

"모세를 믿었더라면 또 나를 믿었으리니 이는 그가 내게 대하여 기록하였음이라 그러나 그의 글도 믿지 아니하거든 어찌 내 말을 믿겠느냐 하시니라"

말씀이신 그분께서 가르치신 모든 것을 근본 토대로 성경을 사용하셨다면, 우리는 얼마나 성경에 헌신적이 되어야 하겠습니까? 그럼에도 불구하고 성경적인 사람이 되어야 한다고 하면서 누구든지 신약성경에 상세하게 기록되지 않은 것을 금하면, 우리는 신약성경을 율법 책으로 만들어버리게 되는 것입니다. 이러한 쪽으로 우리를 속박하는 것이 아니라 신약성경에 자세히 기록되어 있지 않을 것을 자유롭게 하는 것이 본래의 의도입니다. 신약성경에 자세히 기록되어 있지 않을 것을 자유롭게 하되 주님의 음성을 듣고 성령을 따르면 되는 것입니다. 이것은 아주 큰 책임이며, 이 책임 없이는 주님과 교제할 수 없습니다. 이러한 자유가 없다면 여전히 율법에 얽매여 있는 것입니다. 사도 바울이 이것을 갈라디아서 5장 4절에서 잘 설명해주고 있습니다. "율법 안에서 의롭다 함을 얻으려 하는 너희는 그리스도에게서 끊어지고 은혜에서 떨어진 자로다" 그러므로 "그리스도께서 우리로 자유케 하려고 자유를 주셨으니 그러므로 굳세게 서서 다시는 종의 멍에를 메지 말라"

DAY 22

교제

"여호와 하나님이 이르시되 사람이 혼자 사는 것이 좋지 아니하니 내가 그를 위하여 돕는 배필을 지으리라 하시니라 여호와 하나님이 흙으로 각종 들짐승과 공중의 각종 새를 지으시고 아담이 무엇이라고 부르나 보시려고 그것들을 그에게로 이끌어 가시니 아담이 각 생물을 부르는 것이 곧 그 이름이 되었더라 아담이 모든 가축과 공중의 새와 들의 모든 짐승에게 이름을 주니라 아담이 돕는 배필이 없으므로" (창 2:18-20)

사람은 사회적 동물로 창조되었습니다. 하나님께서는 "사람이 홀로 있는 것이 좋지 않다(한국성경은 '독처하는 것이 좋지 못하니')"고 말씀하셨습니다. 흥미로운 것은 사람이 하나님과 교제하고 있는데도 외롭다는 사실입니다. 이는 함축적으로 사람은 하나님만으로는 충분하지 못하다는 것을 의미합니다. 이것이 충격적인 생각일지 모르겠지만, 주님은 사람을 주님과 교제하도록 창조하셨을 뿐 만 아니라 같은 동족과 교제하도록 창조하셨습니다.

주님은 아담으로 하여금 그를 도울 수 있는 적합한 배필을 찾아보도록 창조하신 모든 피조물을 돌아보게 하셨지만, 찾을 수가 없었습니다. 주님은 처음부터 그 결말을 알고 계셨습니다. 그러면 왜 주님께서 모든 도우미들은 네 배필이 아니라고 말씀하신 후 그를 잠들게 하고 여자를 만드시지 않았을까요? 똑같은 이유 때문에 주님은 그 결과가 쓸데없다는 것을 이미 알고 계시지만, 우리로 하여금 우리의 삶을 성취하도록 노력하고 시도하게 하십니다. 주님은 사람을 자유하게 창조하셨고 결코 이것을 침해하시지 않으십니다. 주님께서 이미 아담에게 돕는 배필을 만들어 주시겠다고 말씀하셨음에도, 주님은 그 스스로가 찾아보도록 하셨습니다. 그분은 우리가 무엇인가를 증명하려고 고집하면, 수없이 많은 무익한 노력을 쫓아다니게 내버려 두십니다.

수많은 사람들이 여전히 아담이 했던 것처럼 똑같이 쓸데없는 일을 찾아다닙니다. 그런 사람들은 여자를 성적 상대로만 생각하지, 외로움을 달래주고 자신들의 마음 깊은 곳을 만져주는 교제의 근원으로 생각하지 않습니다. 그래서 남자들은 때때로 그들의 직업이나 스포츠 또는 취미나 동물을 키움으로 성취감을 찾게 되는 것입니다. 그러한 것이 반드시 나쁜 것이 아니고 어느 정도 성취감을 주겠지만, 그 어떤 것도 "돕는 배필"을 만남으로 채울 수 있는 빈 공간을 채워주지 못합니다.

그러나 우리가 한 가지 명심해야 할 것은 하나님과 교제하는 것보다 배우자와 교제하는 것이 우선일 수 없다는 사실입니다. 그럼에도 불구하고 우리 안에는 배우자와 적절한 교제를 통해서만 채워질 수 있는 빈 공간이 있는 것입니다. 우리는 하나님과 교제하고 우리의 배우자와 교제해서 완전하게 되는 것입니다. 남자와 여자의 적절한 교제는 놀라운 교제로 하나님께서 이것을 창조하신 이유는 교제를 통해서 하나님과의 연합을 더 잘 이해할 수 있기 때문입니다. 이 교제는 반드시 필요한 것이지만 하나님과 우리의 교제를 대신할 수는 없습니다.

우리가 배우자를 사랑하는 것보다 하나님을 덜 사랑하게 되면, 배우자를 사랑해야 할 만큼 사랑하지 못하고 있는 꼴이 됩니다. 하나님과의 교제가 먼저 창조되었고 이것이 항상 첫 번째가 됩니다. 그럼에도 불구하고 요한일서 4장 20절은 "누구든지 하나님을 사랑하노라 하고 그 형제를 미워하면 이는 거짓말하는 자니 보는 바 그 형제를 사랑치 아니하는 자가 보지 못하는바 하나님을 사랑할 수 없느니라"라고 말씀하고 있습니다. 다른 사람들과 교제하는 것이 우리가 하나님과 교제하는 것을 잴 수 있는 좋은 바로미터가 되는 것입니다. 우리가 하나님을 진심으로 사랑하면, 다른 사람들을 사랑하는 것으로 나타나게 됩니다. 이것은 특별히 교회를 위한 그리스도의 사랑을 반영하는 것으로 의도된 것처럼 우리 배우자와의 관계에서 참으로 드러나게 됩니다.

외로움은 하나님께서 처음으로 말씀하신 것 중 좋지 못한 것이기 때문에, 우리가 이웃을 사랑하고 도울 때 특별히 그들의 외로움에 주의를 기울어야 합니다. 이것이 혼자 사는 사람을 뜻하는 것이 아닙니다. 군중 속에 살지라도 외로울 수 있습니다. 외로움은 겉만 어루만져주는 것이 아닌 진정한 교제의 결핍으로 오는 것입니다. 깊고 의미 있는 교제는 영·혼·육에 필수적인 것입니다. 우리가 하도록 창조된 교제는 하나님과 교제하거나 사람과 교제하도록 선택할 수 있는 교제가 아닙니다. 우리가 외로움을 느낀다는 것은 하나님의 교제와 사람과의 교제에서 균형을 잃어버렸기 때문입니다.

많은 사람들은 하나님과의 교제를 그들의 배우자나 다른 사람들 심지어 교회 안의 사람들과의 교제로 대신하려고 합니다. 그러나 이러한 것들이 그들이 하려고 하는 교제에 손상만 가져다 줄 뿐 결국은 더 큰 실망만 하게 됩니다. 왜냐하면 그것들이 자신에게 충분하지 않기 때문입니다. 그런 교제들은 절대로 충분할 수 없으며, 우리의 삶 속에서 하나님의 자리를 대신할 수 없기 때문입니다.

DAY 23

결혼

"여호와 하나님이 아담을 깊이 잠들게 하시니 잠들매 그가 그 갈빗대 하나를 취하고 살로 대신 채우시고 여호와 하나님이 아담에게서 취하신 그 갈빗대로 여자를 만드시고 그를 아담에게로 이끌어 오시니"

(창 2:21-22)

　창조하신 것 중에 좋지 않은 것에 대한 하나님의 해결 방법은 사람에게 돕는 배필(a helper suitable for him)을 만드는 것이었습니다. 배필로 번역된 단어의 한 부분인 배(suitable)는 히브리어의 네흐게드

(neh'-ghed)로서, '배우자' 또는 '상대자'로 번역할 수 있습니다. 돕는 배필이 되기 위해서 여자는 남자와 다를 필요가 있습니다. 다르다는 것은 남자와 대립하는 것이 아니라 남자의 없는 부분을 채워주는 것을 의미합니다. 완전하게 되기 위해서 남자는 여자가 필요하며 여자는 남자가 필요한 것입니다. 원수마귀의 근본적인 전략은 남자와 여자의 구분을 애매모호하게 하고 그들을 속여서 서로가 서로에게 불필요한 존재라고 생각하게 만드는 것입니다.

남자가 여자를 보자마자, 그의 가슴은 뛰었고 그가 찾던 존재라는 것을 한눈에 알아보았습니다. 아담이 이브를 본 순간 가슴이 뛰었는데, 이 현상이 이브에게 똑같이 나타나지는 않았습니다. 남자는 여자 보다 시각에 의해 더 빨리 흥분됩니다. 단지 이브를 바라보는 것만으로도 아담은 확신하였지만, 이브는 바라보는 것으로 그렇게 되지 않았습니다. 그러나 아담이 한 말이 이브에게 그렇게 느끼게 했을 것입니다.

하나님은 로맨스와 성교를 창조하셨는데, 둘 다 남자와 여자의 사랑을 표현하는 놀랍고 훌륭한 것입니다. 그러나 하나님은 인간을 영·혼·육으로 창조하셨습니다. 로맨스가 성교보다 우위에 있게 만드셨습니다. 마찬가지로 인간은 영·혼·육의 순서로 결합되어 있습니다. 이 순서를 바꾸어 육을 처음에 두게 되면 영과 혼의 결합은 이루어질 수 없게 되고 결국 외로움이 계속되게 됩니다.

이것이 바로 주님께서 결혼을 창조하신 이유이며, 혼외정사가 하나님 앞에서 죄가 되는 것입니다. 혼외정사는 하나님이 창조하신 사람의 본성을 어기는 죄입니다. 인간은 높은 지능과 영성을 가진 피조물로 창조되었습니다. 또한 인간은 '아주 잘 만들어진' 육체적인 피조물로 창조 되었습니다. 주님은 창조하신 피조물인 인간이 영·혼·육에 걸쳐서 온전하고 완전하기를 원하십니다. 만약 인간이 영과 혼보다 육을 제일의 자리에 두기 시작하면, 인간의 본성은 파괴됩니다. 그러므로 성교는 사랑과 영·혼의 연합의 표현이 되어야 합니다. 이 사랑과 영·혼의 연합의 표현만이 창조적 의도인 높고 고상한 표현을 성취하고 간직하는 것입니다. 육체의 정욕과는 비교할 수 없는 영·혼의 연합에 의해서만 느낄 수 있는 영적인 관능성이 있습니다.

아담과 이브의 첫 번째 만남에서 아담은 그들이 서로의 배필인 것을 곧 바로 확신하였습니다. 이브는 그것이 약간 더디었던 것처럼 보입니다. 여자는 다릅니다. 여자는 확신하기 전에 좀더 영·혼을 만져주는 것이 필요한 것입니다. 하나님께서는 여자를 이렇게 만드심으로 남자로 좀더 높은 차원을 체험하게 하셨습니다. 여자들은 영적 감각을 잘 느끼기 때문에 남자들보다 좀더 영적인 경향이 있고 감정적으로 해석하는 경향이 있습니다.

타락 이후에 여자들은 이브가 속임을 당하였고 아담에게 금지된 열매를 주어서 먹게 했다는 이유 때문에 비난을 받고 있습니다. 그러나 아담은 그녀가 한 일을 알고 있었지만 속임을 당하지 않았고 죄를 짓지 않는 것처럼 느끼고 있었다는 것을 함축적으로 의미하고 있습니다. 이것이 사악한 것만은 아닙니다. 왜 아담은 그와 같이 이브를 따랐을까요? 아마도 이브가 창조된 목적은 아담을 좀 더 높은 영적인 영역으로 이끌기 위한 것이었고 아담은 이 사건을 통해 많은 것을 배웠을 것입니다. 마귀의 전술은 우리의 장점을 약점으로 바꾸어서 우리들이 사용하도록 하는 것입니다. 마귀는 우리가 합당한 일을 할 때 좀처럼 그것을 멈추게 만들지 않습니다. 그가 처음에 배운 대로 뒤에서 유혹하여 잘못된 길로 나가게 만듭니다.

이 이슈에 관해서는 후에 좀더 자세하게 다루도록 하겠습니다. 그러나 우리의 본질과 유혹 그리고 그 본질이 파괴된 것을 이해하는 것은 구속과 회복의 과정을 이해하는데 아주 중요한 역할을 합니다. 우리가 완전하게 회복되면 하나님과 사람사이의 교제, 남자와 여자의 교제 그리고 사람과 피조물들과의 교제는 영광스러운 낙원의 한 부분이 될 것입니다.

DAY 24

떠남과 한 몸이 됨

"이러므로 남자가 부모를 떠나 그의 아내와 합하여 둘이 한 몸을 이룰지로다" (창 2:24)

부모와 자녀의 관계는 아주 독특하고 특별한 것입니다. 그렇기 때문에 십계명 중에 유일하게 약속이 첨부되어 있습니다. "네 부모를 공경하라 그리하면 너의 하나님 나 여호와가 네게 준 땅에서 네 생명이 길리라." 우리가 장수하는 비결은 우리가 어떻게 부모님을 공경하는가에 달려 있습니다. 그럼에도 불구하고 결혼하게 되면 부모님을 떠나서 배우자와 한 몸이 되어야 합니다.

"떠나라"는 말이 부모님과 모든 교제를 끊으라는 의미는 아닙니다. 부모님과 계속해서 관계를 맺고 우리가 사는 날까지 그분들을 공경해야 합니다. 그러나 우리가 결혼하게 되면 그분들과의 교제가 반드시 바뀌어야 합니다. 그때부터 외로움을 달래기 위해 디자인된 근본적인 마음의 의사소통은 배우자를 통해서 이루어져야 하는 것이지 더 이상 부모님을 통해서 이루어져서는 안 되는 것입니다. 이것 이외에 다른 어떤 것이 존재한다면 그것은 둘의 교제를 파괴하는 것입니다.

남녀 상관없이 결혼한 후에 자신의 부모와 함께하는 것은 자연적이지 못합니다. 만약 둘 중에 누구라도 그렇게 한다면, 둘의 교제가 파괴 될 뿐만 아니라 사람의 영혼도 상처를 입게 됩니다. 모든 남자의 삶에는 반드시 가정을 이끌어가야 하는 시점이 있습니다. 모든 여자의 삶에는 반드시 살림살이를 해나가야 하는 시점이 있습니다. 그 시점이 바로 결혼입니다.

아들과 딸에 대한 부모의 권세는 결혼한 시점에서 멈추게 됩니다. 부모는 늘 필요할 때마다 그들의 자녀들을 지혜와 충고로서 돕습니다. 그러나 결혼 후에 자녀의 삶을 지배하려고 한다면 자녀의 삶을 파괴하는 짓이 되는 것입니다. 우리는 자유를 누리도록 창조되었기 때문에 결혼할 수 있는 성숙함에 이르렀다면, 충분히 결정할 수 있고 결정한 것에 대한 책임을 질 수 있는 성숙함이 있는 것입니다. 이러한 기본적인 책임을 개발시키지 못하면, 우리가 창조된 목적을 성취하는데 아주 많은 어려움을 겪게 됩니다.

DAY 25

열린 마음

"아담과 그의 아내 두 사람이 벌거벗었으나 부끄러워하지 아니하니라"

(창 2:25)

하나님은 남자와 여자의 관계를 그들과 하나님의 관계 속에서 더 잘 유지하고 향상시킬 수 있도록 만드셨습니다. 모든 관계는 신뢰를 바탕으로 이루어집니다. 신뢰는 상호간에 의미심장한 것들을 교환할 때

다리 역할을 해주는 것입니다. 다리가 든든하면 든든할수록 그 다리 위로 더 많은 물건을 나를 수 있는 것입니다. 사랑도 있고 용서도 있지만 신뢰하지 못하면 관계는 끊어지고 맙니다.

남자와 여자가 벌거벗었다는 사실은 단순하게 옷을 입지 않은 상태만을 의미하는 것이 아닙니다. 그들이 서로에 대해 충분히 마음을 열고 진실된 신뢰가 있다는 것을 말해주는 것입니다. 이것이 바로 우리가 창조된 상태로서, 서로 간에 아무것도 숨기지 않는 완전한 자유와 열린 마음이 있어야 하는 것입니다. 이것이 바로 결혼의 목적으로서 두 사람은 서로 간에 완전히 자유하고 열려야 하는 것입니다.

남자와 여자가 벌거벗은 것을 "부끄러워하지 않았다는 것"은 그들이 서로 간에 솔직하고 신뢰했다는 것을 설명해 주는 것입니다. 부끄러움 즉 수치심은 교제를 파괴하는 가장 강력한 것 중의 하나입니다. 왜냐하면 수치심은 서로 간에 무엇인가 숨기게 되기 때문입니다. 시작된 교제에서 부끄러운 것을 없앨 수 있는 교제는 가장 건강한 교제로서 성취될 수 있는 것입니다. 그러므로 참된 사랑은 순결을 먼저 추구하지 즉각적인 욕구 충족을 추구하지 않습니다.

수치심은 우리와 하나님, 우리와 우리 자신, 우리와 다른 사람과의 교제를 무너뜨립니다. 수치심은 죄의 결과입니다. 이것은 잘못되었다는 것을 알고도 행하는 것이 그 원인이 됩니다. 우리가 의식적으로 죄를 짓게 되면, 숨고자 하는 원인을 제공하게 되는 것입니다. 죄는 우리 마음속 표현의 자유를 죽임으로 우리의 성격과 우리 안에 있는 잠재력을 왜곡시킵니다.

하나님은 우리를 사회적인 피조물로 창조하셨습니다. 그래서 우리는 하나님 뿐만 아니라 다른 사람들과의 교제가 절실히 필요한 것입니다. 부끄러움은 서로를 피하도록 만드는 것으로, 그 결과는 하나님께서 처음으로 좋지 않다고 말씀하셨던 "외로움"을 느끼게 만듭니다. 죄의 결과는 모두 가치 없는 것들 뿐입니다.

아담과 이브의 비극적인 경우처럼 대부분의 사람들은 죄의 결과가 나쁘다는 것을 믿기 전에 죄의 결과를 경험하려고 하는 것 같습니다. 그러나 우리가 숨는 것의 원인을 만들지 않겠다고 결단하며 올바른 것을 하기로 선택한다면, 우리가 전에는 알지 못했던 큰 자유를 경험하게 된 것입니다. 요한일서 1장 6-7절에 기록되어 있는 것처럼 부끄러움은 우리에게 빨간빛 경고가 될 수 있습니다.

"만일 우리가 하나님과 사귐이 있다 하고 어둠에 행하면 거짓말을 하고 진리를 행하지 아니함이거니와 그가 빛 가운데 계신것 같이 우리도 빛 가운데 행하면 우리가 서로 사귐이 있고 그 아들 예수의 피가 우리를 모든 죄에서 깨끗하게 하실 것이요"

이 말씀에 있는 '사귐(fellowship)'은 그리스어로 '코이노니아'입니다. 이 단어는 단순한 일시적인 사귐보다 훨씬 많은 의미를 내포하고 있습니다. 이는 매우 깊은 연합을 의미합니다. "깨끗하게 하실 것이요"는 단순히 죄의 결과를 제거하는 것만을 가리키는 것이 아니고 부끄러움을 제거하는 것까지 포함하고 있습니다. 우리가 그리스도 안에서 소유하게 되는 회복된 사귐은 타락의 결과인 부끄러움을 제거하도록 의도된 것입니다. 이것은 우리를 성실하고 솔직하게 만들어 주게 됩니다. 우리가 빛 가운데 나아가게 되면 주님께서 빛이시므로, 그분의 백성들과 서로 아무것도 숨기지 않는 깊고 참된 사귐을 할 수 있게 됩니다. 만약 우리가 이러한 사귐을 한다고 하면서 빛으로 나아오지 않으면, 우리가 거짓말을 하고 있는 것입니다(요일 1:6 참조).

우리 삶에서 밖으로 드러날까 두려워하는 것이 있으면, 그것을 제거해야만 합니다. 어떤 것이든 빛으로 가지고 나오기를 두려워하는 것은 악한 것입니다. 왜냐하면 그런 것은 오직 어두운데서만 살아남는 것이기 때문입니다. 우리는 또한 어떤 종류이든 은밀한 관계나 비밀스런 클럽이나 단체에 몸담고 있다면 곧바로 그만 두어야 합니다. 그런 것은 빛에 속한 것이 아닙니다. 그런 것들이 어두운 요소를 가지고 있지 않다면 왜 비밀을 간직하려고 하겠습니까? 물론 기독교인들이 그들의 안전을 위해 비밀스럽게 모이는 경우에 신앙의 박해는 예외가 될 수 있습니다. 비밀스럽게 모이는 단체들과 신앙의 박해 때문에 어쩔 수 없이 은밀하게 모이는 것과는 엄청난 차이가 있습니다.

우리는 자유롭게 교제하고 신뢰할 수 있는 사람들을 만나기를 간구해야 합니다. 때때로 사랑은 방향설정이 필요할 때가 있으며 "사랑은 허다한 죄를 덮습니다"(벧전 4:8). 요한일서 2장 28절의 말씀은 이 모든 것보다 중요합니다. "자녀들아 이제 그의 안에 거하라 이는 주께서 나타내신 바 되면 그가 강림하실 때에 우리로 담대함을 얻어 그 앞에서 부끄럽지 않게 하려 함이라" 이러한 소망은 우리를 순결하게 지켜줍니다.

DAY 26

질문

"그런데 뱀은 여호와 하나님이 지으신 들짐승 중에 가장 간교하니라 뱀이 여자에게 물어 이르되 하나님이 참으로 너희에게 동산 모든 나무의 열매를 먹지 말라 하시더냐 여자가 뱀에게 말하되 동산 나무의 열매를 우리가 먹을 수 있으나 동산 중앙에 있는 나무의 열매는 하나님의 말씀에 너희는 먹지도 말고 만지지도 말라 너희가 죽을까 하노라 하셨느니라" (창 3:1-3)

뱀에 관해 말해진 첫 번째 것은 뱀이 '간교' 하다는 것입니다. 간교하다는 것은 지혜롭다는 것과는 아주 다릅니다. 간교하다는 것은 존재하는 규칙을 어떻게 해서든 악용하려고 한다는 것을 말합니다. 이와는 정반대로 예수님은 율법 즉 규칙을 완성하러 오셨습니다. 하나님으로부터 보냄을 받은 자와 마귀로부터 보냄을 받은 자를 구별할 수 있는 근본적인 방법 중의 하나는 하나님께로부터 보냄을 받은 자는 순종하고 마귀로부터 보냄을 받은 자는 어떻게 해서든 순종하지 않으려고 하며 그것으로부터 도망하려고 하는 것입니다.

그의 간교함으로 뱀은 먼저 하나님의 명령에 담대하게 직접적으로 반항하지 않고 이브로 하여금 질문하도록 유도하였습니다. 선한 질문과 악한 질문이 있을 수 있습니다. 믿음이 동기가 된 선한 질문은 하나님을 기쁘게 하기 위해 그분의 방법을 찾도록 만듭니다. 반대로 두려움이 동기가 된 악한 질문은 규칙을 악용합니다. 뱀은 여자로 하여금 대개 악한 함정에 빠지는 첫 번째 단계가 되는 악한 질문을 하나님께 하도록 유도한 것입니다.

뱀의 질문에 대한 여자의 반응은 마귀가 찾고자 하는 불순종의 지름길을 드러나게 합니다. 여자는 하나님께서 금단의 열매를 먹지도 말고 "만지지도 말라"고 하셨다고 대답했습니다. 주님께서는 만지는 것에 대해서는 언급하시지 않으셨습니다. 하나님의 말씀에 무엇을 보태는 것은 하나님의 말씀으로부터 무엇을 빼는 것과 마찬가지로 잘못된 것입니다. 이것이 바로 자신들의 전통을 하나님의 말씀 위에 두었던 바리새인들의 죄였습니다.

이미 말씀드린 것처럼, 똑같은 질문임에도 불구하고 선한 질문과 악한 질문이 있을 수 있습니다. 그것이 선한 것인지 아니면 악한 것인지는 우리가 질문한 동기에 의해 결정되게 됩니다. 선악을 알게 하는 나무에 관해 이해하려는 이브가 잘못된 것은 절대로 아닙니다. 이브가 그 열매를 먹었던 것이 잘못된 것일 뿐입니다. 하나님은 우리의 마음이 무엇인가를 계속적으로 찾는 근본 이유가 되는 호기심을 창조하셨습니다. 우리는 이브처럼 하나님을 의심하는 타락의 함정에 빠지지 않도록 호기심을 조심해야 합니다. 그분은 참되시고 항상 우리에게 최선이 되는 것만 마음에 두고 계십니다. 어떤 것이라도 그분을 의심하게 하는 것은 우리를 악으로 이끄는 것입니다. 이러한 일이 때대로 규칙을 오용해보려는 단순한 시도로부터 시작되는 경우가 많습니다.

주님은 우리의 약점을 변화시키시기를 아주 좋아하십니다. 반대로 마귀는 우리의 장점을 약점으로 바꾸어 놓거나 타락의 원인이 되는 기회로 만들기를 좋아합니다. 마귀는 무엇인가 올바른 것을 찾는 마음을 비꼬는 마음으로 바꾸어 놓습니다. 비꼬는 마음은 모든 질문을 믿음에 의해 하지 않고 의심의 눈을 가지고 하도록 합니다. 이것이 바로 우리 시대의 비극적인 언론의 타락의 원인이 되는 것입니다. 사실을 찾고 이해하려는 열정으로 시작했지만 그들 속에 비꼬는 태도를 심었기에 형제를 참소하는 본거지가 되어 버린 것입니다.

'간교함'을 경계하십시오. 분명한 하나님의 말씀과 마찰이 되는 것을 제안하는 사람들을 경계하십시오. 그런 것들에 속임을 당하면 결국 타락하게 됩니다. 고린도전서 15장 33절은 우리에게 "속지 말라 악한 동무들은 선한 행실을 더럽히나니"라고 말씀하고 있습니다. 교회는 지상에서 가장 높은 형태의 사귐의 장소로 부르심 받았습니다. 마귀는 우리가 연합할 때 우리의 권세가 배가 된다는 사실을 잘 알고 있습니다. 심지어 두 사람이 뜻을 합해 드리는 기도를 하나님께서는 응답하십니다(마 18:19 참조). 그러므로 마귀는 끊임없이 성도들의 교제가 이루어지지 않도록 훼방합니다. 로마서 16장 17-18절에서 말씀하고 있는 것처럼, 성도의 교제를 계속해서 분열시키는 자들과 하나님의 어린 자녀인 초신자들을 넘어지게 하는 자들을 끊어버려서 성도의 교제를 보호해야 합니다.

> "형제들아 내가 너희를 권하노니 너희가 배운 교훈을 거슬러 분쟁을 일으키거나 거치게 하는 자들을 살피고 그들에게서 떠나라 이같은 자들은 우리 주 그리스도를 섬기지 아니하고 다만 자기들의 배만 섬기나니 교활한 말과 아첨하는 말로 순진한 자들의 마음을 미혹하느니라"

유다는 이러함 걸림돌이 되는 자들을 "정욕대로 행하는 자"라고 언급하였습니다(유 1:16). 우리에게는 이러한 자들로부터 하나님의 백성을 보호해야 할 책임이 있습니다. 동시에 우리 자신의 마음이 비꼬는 마음이 되지 않도록 조심하고 주님께서 우리와 연합하게 하신 자들을 막고 있지는 않는지 살펴봐야 합니다. 원수가 보내서 분열을 초래하는 정욕대로 행하는 자들과 걸림돌이 되는 것들은 얼마 못가서 그들의 본색을 드러냅니다. 우리는 반드시 그들을 제거해 버려야 하고, 그들로부터 돌아서야 합니다. 왜냐하면 그들은 성도의 교제를 엄청나게 손상시키기 때문입니다. 이 일을 행하면서 우리가 반드시 명심해야 할 것은 주님께서 교회를 세우시며 허락하신 권세로 합당하게 틀린 것을 바로잡는 일까지 닫아 버려서는 안 된다는 사실입니다.

DAY 27

함정

"뱀이 여자에게 이르되 너희가 결코 죽지 아니하리라 너희가 그것을 먹는 날에는 너희 눈이 밝아져 하나님과 같이 되어 선악을 알 줄 하나님이 아심이니라" (창 3:4-5)

마귀는 여자가 이미 하나님의 명령에 자신의 생각을 더함으로서 희미하나마 하나님을 존경하지 않는 모습을 보이는 것을 보았을 때, 마귀는 과감하게 하나님을 반대하면서 모든 것을 동원해서 여자를 함정에 빠지도록 밀어 넣었습니다. 이브는 그 시점에서 뒤로 물러서지 않았기에 함정에 빠지고 말았습니다. 하나님의 말씀에 더하거나 빼는 자는 마귀에게 속임을 당할 첫 번째 후보자가 되는 것입니다.

이브와는 반대로, 예수님께서는 마귀에 의해 유혹 당하실 때 그분은 하나님의 말씀위에 굳게 섰습니다. 순종의 근본은 하나님의 말씀이 참되다는 것을 우리 마음에 확고히 하는 것입니다. 유혹을 당할 때마다, 하나님의 말씀으로 피해야 하고 성경에서 그 논쟁을 어떻게 다루고 있는지 찾아야 합니다. 만약 이브가 기다렸다가 뱀이 주장하는 것에 관해 하나님께 물었다면 그녀는 금단의 열매를 먹지 않았을 것입니다. 주님께서 말씀하시기를 우리가 그분께 구하면, 주실 것이라고 하셨습니다(마 7:7). 그분께 구하면 그분은 그분의 길을 가르쳐 주십니다. 주님께 질문하는 것이 잘못된 것이 아닙니다.

또 한 가지 우리가 유의해야 할 점은 사탄의 첫 번째 거짓말인 "너희가 결코 죽지 아니하리라" 이는 지금도 사탄의 근본적인 거짓이며, 모든 거짓 종교 거짓 신앙의 뿌리가 되는 가장 큰 거짓말입니다. 하나님의 말씀은 분명하게 "죄의 삯은 사망이라"(롬 6:23)고 선언하고 있습니다. 죄는 죽음으로 이끕니다. 철학이나 종교가 아무리 간교하다 해도 우리가 하나님의 말씀이 아닌 것을 믿게 되면 우리는 멸망하고 맙니다.

죄란 무엇입니까? 하나님께 불순종하는 것이 죄입니다. 그분은 우리를 창조하셨고 우리에게 가장 좋은 것이 무엇인지 알고 계십니다.

그분께서 첫 번째 남자와 여자에게 주신 유일한 한 가지 규칙은 그들을 보호하기 위한 것이었습니다. 그분은 금지된 나무의 열매를 먹는 날 그들을 죽이실 것이라고 말씀하시지 않았습니다. 그분은 그들이 그 나무의 열매를 먹는 날 "정녕 죽으리라", 즉 죽게 될 것이라고 말씀하셨습니다. 그분은 그 나무의 열매에 독이 있다는 것을 아셨습니다. 금단의 열매가 그들을 죽게 만들 것이며, 실재로 그렇게 되었습니다. 주님은 항상 우리에게 가장 좋은 것만을 생각하고 계십니다. 그분은 우리들과 그분의 창조에 상처를 주는 것을 죄라고 지정하셨습니다.

하나님은 우리의 삶에 지침을 설정해 주셨습니다. 우리가 계속해서 그것을 악용하게 되면, 결국 우리 스스로 멸망하게 됩니다. 이 규칙은 우리를 실망시키기 위한 것이 아니라 우리를 안전하게 보호하기 위한 것입니다. 죄는 죽게 만듭니다. 불순종은 죄이며, 불순종의 결말은 항상 비극적입니다. 우리의 마음에 하나님은 항상 선하시며 그분의 방법은 늘 의롭고 진실하다는 사실을 확고히 합시다. 그분께서 우리가 살아갈 수 있도록 우리를 위해 예비하신 지침은 선한 것임을 명심합시다. 그것을 이해하려는 욕구가 생기면, 더욱 순종하기 위해서 그분께 질문해야 합니다.

또 한 가지 우리가 인지해야 할 사실은 선악을 알게 하는 나무가 동산의 중앙에 있다는 사실입니다. 이 사실은 그 나무의 열매를 먹을 경우 일어나게 될 제 일차적인 결과를 직설법으로 표현 한 것인데, 그 결과가 "자기중심"적이 된다는 사실입니다. 아담과 이브가 그 열매를 먹었을 때, 제일 먼저 그들이 한 것은 자신을 보는 것이었습니다. 하나님의 중심은 삶으로 인도하고, 자기중심은 죽음으로 인도합니다. 뱀이 여자로 금단의 열매를 먹도록 마지막으로 밀어붙인 것은 하나님께서 그녀가 완전하게 될 수 있는 그 어떤 것을 보류중이라는 생각을 하게 만든 것입니다. 만약 원수 마귀가 우리를 우리 자신에 초점을 두도록 하였으면, 특별히 우리 자신의 불충분 요소를 알게 만들었다면, 아주 쉽게 그의 먹이가 되어 속임을 당하게 되는 것입니다.

원수의 전략은 우리로 하여금 완전하고 충분하신 하나님을 바라보는 대신 선한 것이든 악한 것이든 우리 자신을 보게 만드는 것입니다. 마귀는 이렇게 해서 멸망의 길로 인도하는 것들을 우리 마음에 심는 것입니다. 선악을 알게 하는 나무는 우리 자신을 바라보게 함으로써 우리를 죽게 만듭니다. 반대로 우리가 생명나무의 열매를 먹음으로 그리스도 중심이 될 수 있습니다. 그리스도안에 있는 우리가 누구인지가 아니고 우리 안에 계신 분이 누구인지에 따라 우리를 생명과 권능으로 인도하게 되는 것입니다.

우리는 죄가 무엇인지 알아야 하고 그것을 구별할 줄 아는 능력이 있어야 합니다. 그렇다고 죄에 주의를 기울이고 초점을 맞춘다고 해서 죄로부터 자유로운 삶을 살수 있는 것은 아닙니다. 우리는 마귀의 계략을 알아야 하지만 마귀에게 초점을 두거나 마귀의 방법에 너무 깊게 알

필요는 없습니다. 고린도전서 11장 31절은 "우리가 우리를 살폈으면 판단을 받지 아니하려니와"라고 말씀하고 있습니다. 그러므로 자신을 살펴보는 것은 현명한 것이지만 자기중심이 되면 타락하게 되는 것입니다.

주님의 형상으로 변하기 위해서, 우리의 모든 것을 주님께 초점을 맞추어야 하며 그분의 영광을 바라보아야 합니다. 우리는 우리 자신이나 마귀나 죄에 초점을 맞추게 하는 어떤 교리들이나 사람들을 경계해야 합니다. 여기서 가장 중요한 단어는 '초점' 입니다. 그리스도를 따르는 사람들을 따라가시고, 그분이 누구인지를 아는 지식이 커지도록 하고, 그분께 더욱더 가까이 나가십시오.

DAY 28

속임을 당함

"여자가 그 나무를 본즉 먹음직도 하고 보암직도 하고 지혜롭게 할 만큼 탐스럽기도 한 나무인지라" (창 3:6)

죽음의 나무를 선악을 알게 하는 나무라고 부른 이유가 있습니다. "선악을 알게 하는 나무"의 '선'한 면은 '악'한 면과 똑같이 치명적입니다. 우리가 만약 예수 그리스도의 십자가의 사리에 "선함"을 내신하면, 십자가를 모욕하고 하나님을 모욕하는 것으로 악과 같이 인간의 반역의 뿌리가 되게 되는 것입니다. 그 나무의 선한 면은 악한 면과 마찬가지로 죽게 하는 원인인 것입니다. 더구나 선한 면은 악한 면보다 더욱더 사람을 현혹시킵니다. 이것은 바로 선한 면이 이브에게 더 어필되었던 이유입니다.

그 열매는 먹기에 좋아 보였습니다. 이것은 이브의 마음에 왜 하나님께서 좋은 것을 주시지 않으신 것일까라는 미묘한 질문을 던져줍니다. 많은 젊은이들이 성에 대해서 이와 똑같은 함정에 빠집니다. 쾌락적이고 남에게 해를 끼치지 않는데, 섹스 하는 것이 무엇이 잘못된 것이냐고 질문합니다. 남에게 해를 끼치지 않는 다고요? 이는 결혼생활의 바탕이 되는 곳에 비극적인 약점을 놓음으로서 배우자와의 관계에 해를 입힙니다. 결국 번뇌의 짐이 되어 삶에 해를 끼치게 됩니다. 여러분이 그 나무의 열매를 먹는 순간부터 죽음이 여러분의 삶에 작동하기 시작합니다. 그 나무가 보기에는 좋지만 그 열매는 독이 있습니다.

다음으로 그 열매가 "보암직도"하다고 했는데 이는 '눈으로 볼 때 기쁨을 준다' 는 뜻입니다. "보기에 좋았다"에서 "보기에 기쁨을 준다"로 바뀌는 것이 놀랍지 않습니까? 죄는 보면 볼수록 더 어필하는 것입니다. 예수님께서는 마태복음 6장 22-23절에서 다음과 같이 말씀하셨습니다.

"눈은 몸의 등불이니 그러므로 네 눈이 성하면 온 몸이 밝을 것이요 눈이 나쁘면 온 몸이 어두울 것이니 그러므로 네게 있는 빛이 어두우면 그 어두움이 얼마나 더 하겠느냐"

죄는 거의 대부분 바라봄으로 시작됩니다. 아주 오래 바라보게 되면 정욕이 됩니다. "욕심이 잉태한즉 죄를 낳고 죄가 장성한즉 사망을 낳느니라"(약 1:15). 마귀를 집에 들어오지 못하게 막는 것이 들어온 후에 내어 쫓는 것보다 훨씬 쉬운 것입니다. 죄를 저항하는 것은 바로 우리 눈에서부터 시작되는 것입니다.

욥은 "내가 내 눈과 약속하였나니 어찌 처녀에게 주목하랴"(욥 31:1)라고 말씀하였습니다. 욥은 자신의 눈과 자신에게 정욕의 원인되는 것을 바라보지 않겠다는 언약을 세웠습니다. 우리도 똑같이 해야 합니다. 눈은 육체의 등불입니다. 우리가 계속해서 보지 말아야 할 것을 보게 되면, 계속해서 정욕으로 채워지게 됩니다. 우리가 선하고 올바른 것만 바라보기로 결단하면, 우리의 마음은 선하고 올바른 것만으로 채워지는 것입니다.

이브는 마귀의 말을 듣고 죄가 기쁨이 될 때까지 죄를 바라보았습니다. 그렇게 되니까 꼼짝달싹 못하게 하는 자가 찾아와서 "더 지혜롭게 만들어주는 것"이라고 못을 박습니다. 선한 지혜와 악한 지혜가 있습니다. 주님께서는 두아디라 교회의 "사탄의 깊은 것"(계 2:24)을 알지 못하는 자들에게 명령하셨습니다. 우리는 마귀의 전략을 이해하고 악의 깊이를 알려고 하는 유혹에 저항해야만 합니다.

빌립보서 4장 8절에는 다음과 같이 기록되어 있습니다. "끝으로 형제들아 무엇에든지 참되며 무엇에든지 경건하며 무엇에든지 옳으며 무엇에든지 정결하며 무엇에든지 사랑받을 만하며 무엇에든지 칭찬할 만하며 무슨 덕이 있든지 무슨 기림이 있든지 이것들을 생각하라" 고린도후서 10장 5절은 "하나님 아는 것을 대적하여 높아진 것을 다 무너뜨리고 모든 생각을 사로잡아 그리스도에게 복종하게 하니"라고 말씀하고 있습니다.

마음은 놀라운 것입니다. 우리는 우리 자신과 우리의 생각을 수련해야만 합니다. "우리가 먹는 것이 우리다"라는 격언이 있습니다. 아담과 이브가 에덴동산에서 보여준 것 같이 이 격언이 어느 정도는 참됩니다. 그들은 그들이 먹은 나무의 본성을 소유하게 되었습니다. 우리 역시 우리가 우리 마음에 무엇을 담는가에 따라 그것의 본성을 가지게 되는 것입니다. 우리는 책이든 텔레비전이든 음악이든 어떤 것이 되었든지 우리가 보는 것을 잘 분별해야만 합니다. 그것들이 여러분에게 육체의 정욕을 공급합니까? 아니면 그리스도의 형상을 공급해 줍니까?

선택은 우리의 것이라는 사실을 기억하십시오. 현명하게 선택하십시오. 생명으로 인도하는 말씀에 계속적으로 선택하심으로 생명을 선택하십시오. 또한 항상 생명을 주는 말씀을 전함으로써 생명을 선택하십시오. "무릇 더러운 말은 너희 입 밖에도 내지 말고 오직 덕을 세우는 데 소용되는 대로 선한 말을 하여 듣는 자들에게 은혜를 끼치게 하라"(엡 4:29).

DAY 29

타락

"여자가 그 열매를 따먹고 자기와 함께 있는 남편에게도 주매 그도 먹은지라" (창 3:6)

만약 우리가 마귀의 말을 듣고 그것을 심각하게 고려하면, 거의 확실하게 마귀의 함정에 빠지게 되고 죄를 범하게 됩니다. 죄에 빠지게 된 거의 대부분의 사람들은 단 한 번 또는 한 순간의 유혹으로 그렇게 되지 않습니다. 죄에 빠지게 되는 것은 아주 미묘한데 어떤 것을 바라보고 그것에 안주하고 합리화하는 느린 과정에서 우리의 방어 체제가 무너지게 되면 덫에 걸리게 되는 것입니다.

죄를 지은 후에 그 결과가 즉각적으로 아담과 이브의 관계에 나타나기 시작했습니다. 둘이 함께 죄를 지었음에도 불구하고 둘 사이에 전에 없었던 장벽이 즉각적으로 생겼습니다. 부끄러움이 그들 사이에 침입했고, 부끄러움은 언제나 분열을 초래합니다. 그들이 그들 사이에 누리던 자유와 솔직함이 영영 그들을 떠나고 말았습니다. 죄는 교제를 끊어버리고 생명을 죽음으로 변화시켜 버립니다. 죄는 항상 우리의 감정이나 지식에 어필하지만, 그 열매는 쓴 것입니다.

성경은 죄에 대해 아주 분명합니다. 살인, 간음 도둑질은 아주 확실한 죄입니다. 신약 성경은 형제에게 화를 내는 것까지도 죄라고 말하고 있습니다(마 5:22). 야고보서 4장 17절은 "그러므로 사람이 선을 행할 줄 알고도 행하지 아니하면 죄니라"라고 말합니다. 우리가 어떤 것을 잘못 행해서 짓게 되는 죄가 있고, 어떤 것을 하지 않았기 때문에 짓게 되는 죄도 있습니다.

기본적으로 죄는 하나님께 불순종하는 것입니다. 죄는 어떤 형태든 이기주의의 결과이며, 항상 하나님과 분리시키고 서로서로를 분리시키는 더 심한 자기중심적인 이기주의가 되게 합니다. 보기에는 아무리 어필하는 것일지라도 죄는 파괴시킵니다.

"이와 같이 너희도 너희 자신을 죄에 대하여는 죽은 자요 그리스도 예수 안에서 하나님께 대하여는 살아 있는 자로 여길지어다 그러므로 너희는 죄가 너희 죽을 몸을 지배하지 못하게 하여 몸의 사욕에 순종하지 말고 또한 너희 지체를 불의의 무기로 죄에게 내주지 말고 오직 너희 자신을 죽은 자 가운데서 다시 살아난 자 같이 하나님께 드리며 너희 지체를 의의 무기로 하나님께 드리라" (롬 6:11-13)

우리는 의를 쫓음으로 죄로부터 멀어져야 합니다. 사랑을 쫓음으로 증오로부터 멀어져야 합니다. 믿음을 쫓음으로 두려움으로부터 멀어져야 합니다. 더 많이 인내함으로서 인내하지 못하는 것으로부터 멀어져야 합니다. 로마서 12장 21절은 "악에게 지지 말고 선으로 악을 이기라"고 진술하고 있습니다. 우리는 항상 마음속에 있는 악을 선으로 대체시키려고 노력해야 합니다.

의는 선물이며 보물입니다. 참된 의는 절대로 자기 스스로 세운 의가 되지 않습니다. 왜냐하면 참된 의는 우리 안에 있지 않고 그리스도 안에 있기 때문입니다. 우리는 모든 것에서 그분 안에 거할 수 있도록 최선을 다해야 합니다. 하나님은 사랑이시며 우리가 그분 안에 거하면, 우리가 사랑하게 됩니다. 그분은 아무것도 두려워하지 않기 때문에 우리가 그분 안에 거하게 되면, 두려움으로부터 자유롭게 됩니다. 우리의 목표는 단순히 사랑 안에서 성장하는 것이 아니라 더 많은 하나님의 사랑 안에서 걸어가는 것입니다. 우리는 두려움을 보다 적게 갖는 것보다는 오히려 아버지의 우편에 계신 주님의 견해를 바라봄으로서 생겨나는 믿음을 가져야 합니다. 우리는 예수님이 어떤 분이시며 그분이 어디에 앉아 계신지를 보게 된다면, 믿음을 가질 수 있게 됩니다.

우리는 삶 속에 있는 부정적인 요소들을 그리스도의 긍정적인 요소로 대체해야 합니다. 텔레비전이 우리에게 문제가 되면 단순히 텔레비전을 안 보기로 결단하는 것뿐만 아니라 텔레비전을 보지 않는 시간에 할 수 있는 긍정적인 것을 찾아야 합니다. 텔레비전 안 보기 30일 금식을 시작해보는 것도 좋은 방법인데, 텔레비전을 안보는 시간 대신에 그 시간에 할 수 있는 것을 예를 들면 성경 공부 참석하기, 다른 사람을 위해 사역하기 또는 책 읽기 등 무언가 긍정적인 것을 해야 합니다. 우리가 만약 죄를 그대로 두면, 그 공간이 채워지지 않는다면 원수가 다시 쉽게 들어 올 수 있는 구멍을 남겨두는 격이 됩니다. 우리는 주님의 뜻으로 죄를 대신하여 죄를 극복해야 합니다.

만약 우리가 주님을 좇으면, 우리를 넘어뜨리려고 원수가 설치한 함정에 쉽게 빠지지 않게 됩니다. 우리는 성령의 은혜와 열매 그리고 권능 안에서 성장하는 비전을 가져야만 합니다. 고린도전서 14장 1절은 우리에게 "사랑을 추구하라 신령한 것들을 사모하되 특별히 예언을 하려고 하라"라고 타이르고 있습니다. 사랑을 따라 구해야 합니다. 성령의 은사를 원하기만 하는 사람은 좀처럼 성령의 은사를 받지 못하지만 사모하는 사람은 받게 됩니다. 주님은 예레미야 29장 13절에서 "너희가 온 마음으로 나를 구하면 나를 찾을 것이요 나를 만나리라"라고 약속하였습니다.

가리기

DAY 30

"이에 그들의 눈이 밝아져 자기들이 벗은 줄을 알고 무화과나무 잎을 엮어 치마로 삼았더라" (창 3:7)

창세기 3장 7절은 죄가 좀더 깊어지는 것을 묘사하고 있습니다. 우리가 이미 공부한 것처럼 죄에 대한 아담과 이브의 첫 번째 반응은 자기 자신을 쳐다본 것입니다. 자기중심적인 이기주의는 죽게 만드는 선악을 알게 하는 나무로부터 온 독입니다. 고린도후서 3장 18절에서 볼 수 있듯이 우리가 죄의 본성으로부터 구속되고 우리의 마음이 새롭게 되는 회복의 과정은 하나님의 영광을 바라봄으로 오게 됩니다.

"우리가 다 수건을 벗은 얼굴로 거울을 보는것 같이 주의 영광을 보매 그와 같은 형상으로 변화하여 영광에서 영광에 이르니 곧 주의 영으로 말미암음이니라"

죄로부터의 구속은 죄와 자기중심적인 이기주의로부터 돌아서서 다시 하나님 중심이 되게 합니다. 우리의 목표는 그리스도 안에서 우리가 누구인가가 아니라 우리 안에 계신 그분이 누구인가입니다. 전자는 많은 선한 동기가 혼합되어 있지만 여전히 자기중심적인 이기주의이기 때문입니다.

우리가 그분의 형상으로 변하려면, "수건을 벗은 얼굴로" 즉 가리지 말고 그분의 영광을 보아야만 합니다. 가리는 것은 죄의 본질이 우리 자신을 죄로 채워진 상태가 유지되도록 만드는 아주 나쁜 방어 장치입니다. 얼굴을 가리는 것은 아담과 이브가 죄를 지은 후 자신들을 가렸던 것의 확장입니다. 죄는 우리 자신이 누구인지를 남이 알게 될까봐 두려워지는 시점을 스스로 알게 하고 그런 것들로 인하여 스스로 보호하려고 하는 원인이 됩니다. 주님이 주님이신 것을 볼 수 있도록 서로에게 진실하기 위해서는 이러한 모든 가리는 것들을 완전히 벗어버려야 합니다.

진실하려면 진리대로 살아야 하며 다른 사람과의 관계에서 가리는 것이 없어야 합니다. 죄를 회개하면 "영광으로 영광에 이르는" 과정이 시작되게 됩니다. 방어 장치인 가리는 것을 벗으면 벗을수록, 더욱더 많이 그분의 영광을 보게 되며 더욱더 그분처럼 되게 됩니다.

죄를 짓게 되면, 첫 번째 경향은 가리고 숨고 죄를 합리화시키려고 합니다. 이렇게 되면 우리 안에 죽음이 방출되게 되고 우리의 생명을 고갈시키기 시작합니다. 회개는 죄를 인식하고, 죄가 무엇인지 밝히고, 죄에 대한 책임을 짐으로서 시작됩니다.

"만일 우리가 하나님과 사귐이 있다 하고 어둠에 행하면 거짓말을 하고 진리를 행하지 아니함이거니와 그가 빛 가운데 계신 것 같이 우리도 빛 가운데 행하면 우리가 서로 사귐이 있고 그 아들 예수의 피가 우리를 모든 죄에서 깨끗하게 하실 것이요 만일 우리가 죄가 없다고 말하면 스스로 속이고 또 진리가 우리 속에 있지 아니할 것이요 만일 우리가 우리 죄를 자백하면 그는 미쁘시고 의로우사 우리 죄를 사하시며 우리를 모든 불의에서 깨끗하게 하실 것이요 만일 우리가 범죄하지 아니하였다 하면 하나님을 거짓말하는 이로 만드는 것이니 또한 그의 말씀이 우리 속에 있지 아니하니라" (요일 1:6-10)

이미 진술한 것처럼, 죄에 대한 자연스러운 반응은 가려서 죄를 짓지 않은 것처럼 행동하고 죄를 합리화 하는 것입니다. 이러한 모든 반응은 우리 속에 죄를 더 깊숙이 자리 잡게 만들고 더 깊은 속임을 당하게 만듭니다. 답은 죄를 가리지 않는 것으로서 가리는 대신 죄를 인식하고 죄가 원인이 되어 생긴 죄의 상처를 치료하고 죄를 용서하는 십자가로 나아가는 것입니다. 위의 성경 말씀이 진술하고 있는 것처럼 용서받기 위해 죄를 고백하며, 죄를 고백하면 주님께서는 우리를 정결케 하십니다.

유다를 "바로 잡을 수 없는" 또는 도움을 받을 시점을 넘은 사람이라고 말합니다. 무엇이 그를 바로잡을 수 없는 경지에 이르게 하였을까요? 그것은 주님을 배반한 것 때문이 아니라 그가 자신의 목을 매어 자살했기 때문입니다. 지극히 작은 주님의 백성에게 행한 것이 주님께 행한 것이라는 마태복음 25장 40절에 기록되어 있는 말씀대로라면, 아마도 우리 모두는 주님을 배반한 사람들일 것입니다. 유다 역시 용서 받을 수 있었지만, 주님께 나아가 용서를 구하는 대신 그는 자신이 지은 죄의 삯을 자신이 지불하려고 했기 때문에 용서 받지 못했습니다. 그렇게 함으로서 그는 주님의 용서를 받을 수 없는 상태가 되고 말았습니다. 우리 또한 죄를 가림으로 죄가 없는 것처럼 행동한다든가 우리 스스로 죄를 해결하려고 기도한다면 용서 받지 못합니다. 이러한 것들은 유일하고 우리의 죄를 해결할 수 있는 예수님의 십자가를 모욕하는 것입니다. 야고보서 3장 2절은 "우리가 다 실수가 많으니 만일 말에 실수가 없는 자라면 곧 온전한 사람이라 능히 온 몸도 굴레 씌우리라"라고 말씀하고 있습니다.

죄를 가리려고 하거나 "우리 자신의 목을 매는 것"으로 죄에 반응하지 말고 하나님의 은혜로 나아갑시다. 그분께서 우리의 죄의 삯을 지불하지 못하도록 하는 것은 그분의 크신 은혜를 거절하는 것입니다. 자유로워지고 신뢰가 바탕이 된 모든 교제를 하려면, 십자가를 신뢰해야만 합니다.

DAY 31

기만

"그들이 그 날 바람이 불 때 동산에 거니시는 여호와 하나님의 소리를 듣고 아담과 그의 아내가 여호와 하나님의 낯을 피하여 동산 나무 사이에 숨은지라 여호와 하나님이 아담을 부르시며 그에게 이르시되 네가 어디 있느냐" (창 3:8-9)

흥미로운 것은 남자와 여자의 "눈이 열린" 후에 그들이 아주 바보스러워졌다는 사실입니다. 비록 모든 사람들이 때때로 하나님으로부터 숨으려고 시도하지만, 그 누구도 하나님으로부터 숨을 수 없습니다. 그분은 모든 것을 보시는 분이시고 모든 것을 아시는 분이십니다. 그분은 우리의 머리카락의 수까지 알고 계시는 분입니다(마 10:30). 우리가 한 가지 분명하게 알고 있어야 할 점은 전지전능하신 하나님께서 우리에게 질문하시는 것은 그분께서 어떤 정보를 알기 위해서가 아니라는 점입니다. 그분께서 아담이 어디 있느냐고 질문하신 이유는 아담을 위해서였습니다. 이것은 모든 시대를 통해서 되풀이되는 질문으로, 하나님으로부터 숨는다는 것이 얼마나 어리석은지를 알게 하는 것입니다.

만약 십자가가 포옹하지 않는다면, 모든 사람들은 자신들의 전 생애에 걸쳐 하나님으로부터 숨으려고 할 것입니다. 심지어 종교적인 추구도 하나님으로부터 숨으려는 시도가 될 수 있습니다. 심지어 우리가 하나님을 추구하는 것도 우리 자신의 양심을 만족시키기 위해 사용될 수 있는데 이런 경우 더욱더 깊게 속임을 당하게 될 뿐입니다. 이러한 종교적인 추구는 •인간의 생각으로 하나님 만나려고 하는 시도일 뿐입니다. 이는 하나님으로부터 숨으려고 하는 또 다른 형태이며, 하나님은 절대로 인간에 의해 어리석게 되지 않습니다.

우리는 우리가 하나님을 이해하고 있는 것만큼 하나님을 받아들입니다. 이해하지 못하면 거절합니다. 그러나 그분은 우리가 이해하기에 너무나도 위대하신 분입니다. 인간이 하나님을 이해할 수 있다고 생각하는 것은 인간의 가장 오만한 것입니다. 그러나 하나님을 알기 위해 모든 질문을 던지는 것은 가장 의로운 탐구가 됩니다. 항상 우리의 자연적인 마음보다 더 많이 그분을 이해하기 위해 그분을 알려고 찾아야 합니다. 우리는 항상 그분의 한 단면을 볼 뿐이고 한 부분만 알 뿐입니다. 그럼에도 불구하고 어떤 것이든 그분의 방법을 배우는 것이 이 지구상에 있는 모든 보물보다 더 귀합니다.

야고보서 4장 6절은 "그러나 더욱 큰 은혜를 주시나니 그러므로 일렀으되 하나님이 교만한 자를 물리치시고 겸손한 자에게 은혜를 주신다 하였느니라"라고 말씀하고 있습니다. 우리가 스스로를 가리고, 하나님으로부터 숨고 우리 자신의 방법으로 하나님을 이해하려고 생각하는 것은 자만입니다. 이렇게 자만은 인간이 신을 찾는 것은 모든 것 중에 가장 나쁜 기만 중에 하나입니다. 우리가 그분을 이해할 수 있는 유일한 길은 그분께서 우리에게 계시해 줌으로써만 가능한 것입니다. 우리가 진실로 하나님을 하나님으로 보기를 원한다면, 우리 자신을 겸손하게 하고 그분의 자비를 구해야 합니다.

겸손의 시작은 우리 자신을 가리는 것과 숨는 것을 멈춤으로 시작됩니다. 죄는 우리를 하나님으로부터 돌아서게 한 원인입니다. 참된 회개는 단순히 죄로부터 돌아서는 것이 아니라 하나님께 돌아오는 것입니다.

아주 심한 자만은 우리가 자신의 문제를 해결 할 수 있다고 생각하게 하는 원인이 됩니다. 겸손은 우리 자신의 모습 그대로 그분께 문제를 해결해 주실 것을 간구하며 돌아올 때 우리를 그분의 은혜로 이끌어줍니다. 겸손은 우리가 그분이 필요하다는 것을 인정하는 것으로서 그분의 은혜를 가능하게 하는 것입니다. 이렇게 하는 사람은 절대로 하나님으로부터 떠나지 않습니다.

우리가 숨으려고 하는 버릇을 해결해주는 해독제는 우리 자신을 드러내려고 시도하는 것이 아니라 단순히 하나님을 찾는 것입니다. 우리는 죄를 짓게 되면 하나님으로부터 도망가지 말고 그분께 나아가야 합니다. 그분은 이미 우리가 죄를 지은 사실을 알고 계시며 어디에 숨어있는지도 알고 계십니다. 아버지로서 내 자녀들이 잘못한 것을 나에게 숨기지 않고 내게 와서 잘못을 고백할 때, 나는 내 자녀를 존중하며 그들에게 감사하게 됩니다. 그들이 고백할 때 잘못에 대해 훈계는 하겠지만, 그들에 대한 나의 신뢰는 더 깊어지게 됩니다.

우리가 경험할 수 있는 가장 큰 자유로움 중의 하나는 빛에 속한 모든 것을 아는 것입니다. 누군가가 우리의 숨긴 것을 알게 될까봐 걱정하지 않게 되면 훨씬 더 편안하게 잠을 잘 수 있습니다. 숨기도록 유혹을 당할 때마다 더욱더 열심히 주님께 해결해 달라고 구하시고 항상 히브리서 4장 15-16절에 기록된 크신 약속을 기억합시다.

"우리에게 있는 대제사장은 우리 연약함을 동정하지 못하실 이가 아니요 모든 일에 우리와 똑같이 시험을 받으신 이로되 죄는 없으시니라 그러므로 우리는 긍휼하심을 받고 때를 따라 돕는 은혜를 얻기 위하여 은혜의 보좌 앞에 담대히 나아갈 것이니라"

DAY 32

두려움

"이르되 내가 동산에서 하나님의 소리를 듣고 내가 벗었으므로 두려워하여 숨었나이다" (창 3:10)

창세기 3장 10절에는 성경에서 처음으로 두려움이 언급된 곳입니다. 두려움에는 하나님을 정결하고 거룩하게 두려워하는 두려움(하나님을 경외하는 것)과 거룩히지 않게 두려워하는 두려움(하나님을 경외하지 않는 것)이 있습니다. 위의 말씀에 등장하는 두려움은 하나님을 거룩하지 않게 두려워하는 두려움으로 이는 혼을 더욱더 부패하게 만들고 그분께 나아가는 것이 아니라 오히려 도망가게 하는 원인이 되는 두려움입니다.

하나님을 거룩하게 두려워하는 것은 절대로 그분으로부터 숨으려는 원인이 되지 않습니다. 거룩한 두려움은 그분이 하나님이신 것과 아무도 그분으로부터 숨을 수 없다는 지식에 바탕을 둔 것입니다. 이는 그분은 모든 것을 아시지만 우리가 아는 것은 아주 적은 것이라는 것을 인식하게 합니다. 하나님을 거룩하게 두려워하는 것은 "지혜의 근본"(잠 9:10)이 됩니다. 왜냐하면 우리가 어떤 것을 정확하게 알기 위해서 반드시 그분의 도움이 필요하다는 것을 인정하는 것이기 때문입니다.

하나님을 거룩하게 두려워하지 않는 것은 선악을 알게 하는 나무 열매의 독성이 근원입니다. 이 두려움은 하나님이 어떤 분이신지에 바탕을 두지 않고 우리 자신의 자기중심적인 이기주의에 바탕을 둔 것입니다. 이 두려움이 바로 우리가 하나님으로부터 또는 다른 사람들로부터 숨으려고 하는 원인이 되는 것입니다. 이것이 바로 타락한 인간들의 교제를 지배하는 겉치레와 가장의 원인입니다.

거룩하지 않은 두려움은 버림 받음에 뿌리를 두고 있습니다. 왜냐하면 인간은 하나님과 또는 다른 사람들과 교제하도록 창조되었기 때문에, 버림 받음은 인간의 가장 고통스런 경험 중의 하나이며 인류를 지배하는 절뚝거리는 두려움 중의 하나가 됩니다. 버림받음은 위축되어 숨게 만들든지 또는 늘 먼저 버림 받기 전에 남을 버릴 수 있는 위치에 있으려고 다른 사람을 지배하도록 만듭니다. 그러므로 숨은 곳으로부터 자신의 벗은 상태로 주님께 나아오기 위해서는 아주 큰 믿음이 필요합니다. 그런 상태로 주님께 나아오는데 큰 믿음이 필요하지만, 그것이 바로 회복을 받는 첫 번째 단계입니다.

예수님은 영광의 주님이시지만 자신을 비우시고 연약한 인간의 모습으로 이 땅에 오셨습니다. 주님은 스스로를 가장 낮추셨으나, 타락한 인간들은 그분을 때리고 모욕했고 결국은 가장 치욕적인 십자가를 지도록 하였습니다. 그분은 얼마나 우리를 사랑하시는지 영원토록 알게 하기 위해서 스스로 천하게 되셨습니다. 우리가 진실로 십자가를 바라보게 되면 숨은 곳으로부터 나오게 됩니다. 오직 십자가만 가장 깊은 두려움으로부터 우리를 자유롭게 하며, 우리를 다시 새롭게 할 수 있습니다.

두려움은 아담이 금단의 열매를 먹었기 때문에 생기게 된 것입니다. 일반적으로 두려움은 사람들의 삶에 악한 마귀가 들어오는 가장 큰 문 중의 하나입니다. 마귀는 두려움으로 사람을 지배하지만 주님은 사람을 믿음으로 이끄십니다. 이 전쟁에서 사람의 마음이 두려움에 의해 지배될 것인지 또는 믿음에 의해 다스림 받을 것인지 결정되게 됩니다.

믿음은 십자가를 통해 하나님께서 우리를 받아들임으로서 시작됩니다. 이 받아들임은 우리가 무엇을 행했든지 아니면 행하지 않았든지 와는 상관없이 예수님께서 우리를 위해 행하신 것에 의해서 되는 것입니다. 하나님의 은혜를 가장 크게 증거하는 것 중의 하나는 그분의 은혜가 세상에서 가장 극악한 살인자나 범죄자에게까지 펼쳐져 있다는 사실입니다. 죽기 직전에라도 주님께 돌아오면 십자가의 은혜는 충분한 피난처가 되어 줍니다. 사실 주님은 용서를 많이 한 사람이 주님을 더 많이 사랑할 것이라고 말씀하셨습니다. 그러므로 로마서 5장 19-21절은 다음과 같이 기록하고 있습니다.

"한 사람의 순종하지 아니함으로 많은 사람이 죄인 된 것 같이 한 사람이 순종하심으로 많은 사람이 의인이 되리라 율법이 들어온 것은 범죄를 더하게 하려 함이라 그러나 죄가 더한 곳에 은혜가 더욱 넘쳤나니 이는 죄가 사망 안에서 왕 노릇 한 것 같이 은혜도 또한 의로 말미암아 왕노릇 하여 우리 주 예수 그리스도로 말미암아 영생에 이르게 하려 함이라"

죄가 많은 곳에 더 많은 은혜가 있습니다. 그렇다면 이 말씀은 더 많은 은혜를 받고 주님을 사랑하기 위해 더 많은 죄를 지으란 의미입니까? 그렇지 않습니다. 바울은 로마서 6장 1-4절에서 이 질문을 다루고 있습니다.

"그런즉 우리가 무슨 말을 하리요 은혜를 더하게 하려고 죄에 거하겠느냐 그럴 수 없느니라 죄에 대하여 죽은 우리가 어찌 그 가운데 더 살리요 무릇 그리스도 예수와 합하여 세례를 받은 우리는 그의 죽으심과

합하여 세례를 받은 줄을 알지 못하느냐 그러므로 우리가 그의 죽으심과 합하여 세례를 받음으로 그와 함께 장사되었나니 이는 아버지의 영광으로 말미암아 그리스도를 죽은 자 가운데서 살리심과 같이 우리로 또한 새 생명 가운데서 행하게 하려 함이라" (롬 6:1-4)

우리 안에 빛이 있으면 어두움이 아닌 빛으로 나아가게 되어 있습니다. 그러나 우리가 실수를 할 때는 언제든지 우리를 피곤케 하지 않고 언제나 풍성하게 넘치는 그분의 사랑과 은혜로 나아가야 합니다.

DAY 33

음성

"이르시되 누가 너의 벗었음을 네게 알렸느냐 내가 네게 먹지 말라 명한 그 나무 열매를 네가 먹었느냐" (창 3:11)

흥미로운 것은 아담과 이브가 뱀이 말한 것을 이상하게 느끼지 않았다는 사실입니다. 이 사실로 미루어 보아 타락 전에는 인간이 모든 피조물들과 자유롭게 대화할 수 있었다는 것을 추측할 수 있습니다. 타락은 인간에게 주신 가장 위대한 선물인 대화의 은사를 잃어버리게 만들었습니다.

가장 위대한 천재도 오직 10%의 뇌만 사용한다고 합니다. 왜 나머지 90%는 잠자고 있을까요? 태초에는 뇌를 얼마만큼 사용했을까요? 흥미로운 것은 인간의 수명도 첫 번째 사람과 비교하면 10% 정도 밖에 되지 않는 다는 점입니다. 타락의 과정이 진행되고 깊어감에 따라, 인간의 수명이 줄어들었고 지적인 능력도 줄어 든 것입니다.

아담과 이브는 잘못된 음성 즉 뱀의 음성을 들었기 때문에 죄와 죽음에 빠지게 되었습니다. 마귀는 지금도 우리에게 속삭이고 있습니다. 우리를 속여서 죄에 빠지게 하고 하나님께 반역하게 만들려고 지금도 우리에게 속삭이고 있습니다. 우리는 우리를 하나님의 말씀에 반대되는 신앙이나 행동으로 이끄는 모든 음성에 도전해야 합니다. 이를 이기기 위해 우리는 하나님의 음성을 듣는 능력을 개발해야 하며, 그분이 말씀하시는 것을 이해하고 그분의 음성에 순종해야 합니다.

하나님을 알지 못하는 자들은 여러분이 하나님의 음성을 들었다고 하는 것을 미친 것의 하나로 믿습니다. 그러나 성경은 우리가 주님의 음성을 듣지 못하면 그분의 양이 아니라고 증언합니다. 요한복음 10장 4-5절에서 주님은 자신을 선한목자라고 하셨습니다.

"자기 양을 다 내어 놓은 후에 앞서 가면 양들이 그의 음성을 아는 고로 따라오되 타인의 음성은 알지 못하는 고로 타인을 따르지 아니하고 도리어 도망하느니라"

주님은 어린 양들이 그분의 음성을 안다고 말씀하시지 않고 양들이 안다고 말씀하셨습니다. 양은 목자의 음성을 듣고 따라가지만 반면에 어린 양은 양을 따라갑니다. 마찬가지로 영적으로 어린 자들은 대개 그들 스스로가 주님의 음성을 알게 될 때까지 성장하기 전에는 좀더 성숙한 자들을 따라갑니다. 그러나 모든 성도들의 목표는 주님의 음성을 아는 것으로, 세상의 모든 다른 음성과 그분의 음성을 빠르고 쉽게 구별할 줄 알게 되어야 합니다.

신앙인이라고 자처하는 많은 사람들이 주님께서 우리에게 성경을 주셨기 때문에 더 이상 말씀하시지 않는다고 주장하는데, 성경은 이런 잘못된 교리를 꾸짖고 있습니다. 주님께서는 절대로 변하지 않으시며, 그분은 "어제나 오늘이나 영원토록 동일" (히 13:8) 하십니다. 그분은 단순히 책 한권을 집필하시고 은퇴하신 분이 아니십니다. 주님은 살아계시며 언제나 변함없이 오늘도 백성들과 관계를 맺고 계십니다.

성경은 아주 놀라운 선물이며 항상 모든 교리나 가르침의 바탕이 되어야만 합니다. 그러나 주님은 단순히 백성과 선생으로만 관계를 맺고 계시지 않으십니다. 그분은 목자이시며 양들은 "그의 음성을 아는 고로" (요 10:4) 그분을 따릅니다. 또한 예언자이시기에, 여전히 백성을 통해 말씀하십니다.

그분은 또한 신랑이십니다. 어떤 교제든 그것의 질은 대화 즉 의

사소통의 질에 따라 결정되게 됩니다. 신부가 신랑으로부터 듣고 싶은 것이 있는데 오직 신랑이 신부를 위해서 기록한 책에만 있고, 신랑이 신부와 대화할 수 있는 유일한 방법이 신부가 그 책을 읽고 신랑이 원하는 것을 알게 된다면 그 관계가 어떤 것이겠습니까? 그것은 죽은 관계입니다. 주님께서 성경을 통해서만 백성에게 말씀하신다는 교리는 많은 교회를 죽게 만들었습니다. 왜냐하면 디모데후서 3장 5절에서 알 수 있는 것처럼 그런 자들은 "경건의 모양은 있으나 경건의 능력은 부인하는 자"이며 성경은 계속해서 우리가 그런 자들로부터 "돌아서라"고 말씀하고 있습니다.

타락이 더 깊어짐

DAY 34

"아담이 이르되 하나님이 주셔서 나와 함께 있게 하신 여자 그가 그 나무 열매를 내게 주므로 내가 먹었나이다 여호와 하나님이 여자에게 이르시되 네가 어찌하여 이렇게 하였느냐 여자가 이르되 뱀이 나를 꾀므로 내가 먹었나이다" (창 3:12-13)

남자는 여자 잘못이라고 말하였고, 여자는 뱀의 잘못이라고 말했습니다. "하나님께서 뱀을 동산에 두셨으니"라고 말함으로서 여자는 모든 것이 하나님 잘못이라고 넌지시 암시하였습니다. 인간은 언제나 자신의 잘못을 하나님의 잘못이라고 불평하려고 합니다. 이는 더 인간을 더 깊은 타락으로 인도할 뿐입니다.

타락이 원인이 되어 생긴 세 가지 악한 증상은 1) 자기중심적인 이기주의 2) 숨는 것 3) 남의 탓으로 돌리기입니다. 인간이 이들 중 어떤 것이라도 멈추고 하나님께 돌아 왔다면, 타락이 지금처럼 인간을 깊게 부패시키지는 않았을 것입니다. 만약에 우리가 이것들이 완전하게 이루어지기 전에 멈추고 하나님께 돌아오면, 우리가 깊은 문제에 빠지지 않게 해 줄 것입니다.

누구든지 죄를 짓게 되면 대개 이 세 단계의 똑같은 전철을 밟습니다. 첫째, 자기중심이 되고, 이는 자신을 숨기는 원인이 되어 남의 탓으로 돌리게 됩니다. 부채가 깊어지면 깊어질수록 문제를 해결하기가 더 어려워집니다. 죄를 다루는 대개의 과정은 드러난 자신의 사건에 반응하는 클린턴 대통령에 의해 극적으로 보여졌습니다. 첫째로 그는 사실을 숨겼습니다. 그 다음에 그 논쟁에 관해서 국민들에게 했던 가장 흥미로웠던 텔레비전 연설에서 그는 특별위원회가 괴롭힌다고 하는 비평을 시도 했습니다. 전 국민이 대통령의 이 잘못된 생각을 인지하는 것처럼 보였는데, 그렇다면 우리는 우리 자신에 관해서 그러한 일을 얼마나 자주 인지하고 있습니까?

주님은 죄는 용서하시지만 변명을 용서하시지 않으십니다. 그분은 항상 우리가 회개하면 용서할 준비를 하시고 계십니다. 회개하는 것은 우리의 잘못을 인정하는 것입니다. 회개 대신 남의 탓으로 돌리는 것은 하나님과 우리 사이, 우리 자신 그리고 우리와 다른 사람 사이에 더 높은 벽을 쌓는 것입니다. 진정한 겸손은 진정한 회개입니다.

우리의 잘못을 남의 탓으로 돌리거나 주변 환경의 탓으로 돌릴 수 있지만, 그렇게 하면 절대로 그 잘못의 결과로부터 우리를 구해낼 수 없습니다. 우리의 행동에 대한 책임을 인정하기 전까지 진정한 회개는 있을 수 없습니다. 오직 진정한 회개만이 우리로 하나님과 사람에게 용서와 화해를 가져다줍니다.

최근의 역사에서 타락한 인간은 철학적이고 심리학적으로 계속적인 흐름으로 보이는 이론을 주장하고 있는데 그것은 인간의 타락이 주변 환경과 같이 어떻게 성장하느냐에 달려 있다는 변명으로 잘못을 돌리는 것입니다. 물론 주변 환경과 같은 것이 우리에게 영향을 미치고 성격 형성에 중요한 역할을 하는 것은 사실이지만, 다른 어떤 것의 탓으로 돌리면서 이 미로를 빠져 나올 수 없으며 우리의 문제와 잘못에 대해 우리 스스로 책임지면서 해결하기 시작해야합니다.

주변 환경은 문제가 되시 않습니나. 주님께서 사람은 완선한 환경에 두셨는데도 타락하고 말았습니다. 만약 환경이 문제라면 주님께서 사람을 속죄하는 것이 아니라 환경을 속죄하여 회복시키셨을 것입니다. 주님은 인간에게 환경을 다스리는 권세를 주셨습니다. 인간이 속죄함을 받게 되면, 환경과 올바른 관계를 맺게 되고 자신의 환경을 변화시킬 수 있게 됩니다. 이것은 격언에서 말하는 것처럼 말을 마차의 앞에 매는 것과 마찬가지인 것입니다.

실제적으로 우리는 문제점들을 어떠한 상황과 환경 속에서 볼 수 있는데, 이것은 우리와 함께 잘못되어서 변화되어야 하는 것들로 우리의 삶 속에서 중요한 부분으로 자리잡아야 합니다. 왜냐하면 하나님의 목적은 타락의 결과로 인해 생긴 모든 것을 완전하게 속죄하고 회복시키는 것이기 때문입니다. 하지만 시작은 우리로부터 되기 때문에, 항상 변해야 할 문제점에 대한 답을 먼저 찾아야 합니다. 대부분의 경우에 한 단어로 답을 요약한다면, 그것은 바로 '사랑' 입니다. 고린도전서 13장 8절이 말해주고 있는 것처럼 "사랑에는 절대로 실패가 없습니다(사랑은 언제까지든지 떨어지지 아니하나)." 사랑은 모든 문제의 해결책의 뿌리가 됩니다. 우리가 사랑을 더 많이 하게 된다면, 문제라고 생각하고 있는 대부분의 상황들을 변화시킬 수 있습니다.

주님은 세상을 사랑하셔서 이를 변화시키려고 세상을 위해 자신을 생명을 허락하심으로 시작하셨습니다. 우리도 세상을 위해 우리 자신을 내어주고 우리 자신의 이익을 포기하기까지 세상을 사랑함으로 변화시키는 것을 시작할 수 있습니다. 잘못을 남에게 전가하지 말고 스스로의 죄를 인식하고, 그것에 대한 책임을 지며, 우리 주변에 있는 사람들을 사랑하기 위해 하나님의 은혜를 구합시다. 우리가 진실로 이렇게 사랑하기를 시작하면, 낙원은 돌아오기 시작합니다.

DAY 35

뱀에 대한 저주

"여호와 하나님이 뱀에게 이르시되 네가 이렇게 하였으니 네가 모든 가축과 들의 모든 짐승보다 더욱 저주를 받아 배로 다니고 살아 있는 동안 흙을 먹을지니라 내가 너로 여자와 원수가 되게 하고 네 후손도 여자의 후손과 원수가 되게 하리니 여자의 후손은 네 머리를 상하게 할 것이요 너는 그의 발꿈치를 상하게 할 것이니라 하시고" (창 3:14-15)

첫 번째 저주는 뱀에게 내려졌습니다. 우리는 뱀이 마귀였다는 것을 압니다(계 12:9). 뱀이 저주를 받아 배로 땅을 기어 다녀야 한다는 사실은 하늘로부터 이 땅에 떨어진 것을 표현하는 은유법일 가능성도 있습니다. 온 우주에서 뱀의 활동공간은 이 땅에 한정되어 있습니다.

창조된 모든 것과 비교해 보면, 이 땅은 바다의 모래와 같이 아주 작은 존재입니다. 우리는 모든 피조물에 비하면 작은 먼지 입자와 같습니다. 우주 만물에 있는 모든 악은 이 작은 혹성에 감금되어 있지만, 하나님의 의는 수억 만개의 은하계에 효력을 미치고 더욱이 그보다 훨씬 더 넓은 하늘의 영적 영역에까지 미칩니다. 마귀와 그를 추종하는 무리들이 이 땅에 군림하고 있지만, 영원 속에서 보면 이는 눈 깜빡 할 새와 같은 것입니다. 하나님의 주권은 헤아릴 수 없이 크고 넓습니다. 루이스(C. S. Lewis)는 "주님의 주권은 너무 위대하셔서 이 땅과 지옥의 모든 악한 행위를 다 더해서 하늘에 던진다 해도, 그것은 하늘나라의 가장 작은 피조물이 생각하는 것 한 가지 보다 크지 못할 것"이라고 말했습니다.

마귀와 그의 무리들이 내어 쫓김을 당해 이 땅에 사는 우리에게는 악이 모든 것들 위에 군림하는 것으로 생각할지 모릅니다. 그러나 우리는 분명한 견해를 가져야 하는데, 마귀는 배로 거어 다닌다는 것으로 모든 피조물 중에 가장 낮은 위치에 있다는 것을 뜻하는 것입니다.

뱀은 또한 흙을 먹어야 한다고 했는데 왜냐하면 우리가 흙으로 만들어 졌고 성경에서 흙은 인간의 육체 또는 육욕적인 본성을 나타내고 있습니다. 때때로 마귀는 인간의 육욕적인 본성으로 배를 채웁니다. 우리가 영을 포기하고 그 대신 육을 따르는 순간마다, 우리가 마귀의 배를 채워주는 것입니다. 로마서 8장 5-11절에서 바울은 다음과 같이 기록 하였습니다.

"육신을 따르는 자는 육신의 일을, 영을 따르는 자는 영의 일을 생각하나니 육신의 생각은 사망이요 영의 생각은 생명과 평안이니라 육신의 생각은 하나님과 원수가 되나니 이는 하나님의 법에 굴복하지 아니할 뿐 아니라 할 수도 없음이라 육신에 있는 자들은 하나님을 기쁘시게 할 수 없느니라 만일 너희 속에 하나님의 영이 거하시면 너희가 육신에 있지 아니하고 영에 있나니 누구든지 그리스도의 영이 없으면 그리스도의 사람이 아니라 또 그리스도께서 너희 안에 계시면 몸은 죄로 말미암아 죽은 것이나 영은 의로 말미암아 살아 있는 것이니라 예수를 죽은 자 가운데서 살리신 이의 영이 너희 안에 거하시면 그리스도 예수를 죽은 자 가운데서 살리신 이가 너희 안에 거하시는 그의 영으로 말미암아 너희 죽을 몸도 살리시리라"

마귀가 인간의 육욕적인 본성으로 그 배를 채우기 때문에, 우리가 육욕에 빠질 때마다 마귀의 배를 채우며 그의 지배력을 강하게 만들어 주게 됩니다. 우리는 반드시 육신의 정욕을 채우는 것이 아니라 영을 채워야만 합니다. 우리는 우리의 영을 읽고, 보고, 정결한 것을 생각함으로 채울 수 있습니다. 우리의 영은 교제와 복음을 나눔으로 또한 우리에게 허락하신 영적 은사를 실행함으로서 더 강하게 성장할 수 있습니다. 요한일서 3장 7-8절과 10-11절은 우리에게 다음과 같이 말씀하고 있습니다.

> "자녀들아 아무도 너희를 미혹하지 못하게 하라 의를 행하는 자는 그의 의로우심과 같이 의롭고 죄를 짓는 자는 마귀에게 속하나니 마귀는 처음부터 범죄함이니라 하나님의 아들이 나타나신 것은 마귀의 일을 멸하려 하심이니라 이러므로 하나님의 자녀들과 마귀의 자녀들이 드러나나니 무릇 의를 행하지 아니하는 자나 또는 그 형제를 사랑하지 아니하는 자는 하나님께 속하지 아니하니라 우리는 서로 사랑할지니 이는 너희가 처음부터 들은 소식이라"

악한 마귀의 방법대로 산다면 그리스도에게 한 부분이 될 수 없습니다. 우리가 그리스도의 것이라면, 사랑으로 의를 쫓아야 합니다. 모든 율법은 하나님을 사랑하고 이웃을 사랑하는 두 가지 위대한 계명에 의해 완성됩니다. 우리가 하는 모든 것을 사랑으로 하려고 한다면, 주님의 본성으로 성장하게 됩니다. 왜냐하면 하나님은 사랑이시기 때문입니다.

DAY 36

여자에 대한 저주

"또 여자에게 이르시되 내가 네게 임신하는 고통을 크게 더하리니 네가 수고하고 자식을 낳을 것이며 너는 남편을 원하고 남편은 너를 다스릴 것이니라 하시고" (창 3:16)

주님께서 남자와 여자를 창조하신 것은 그들로 출산하게 함이었지만 출산의 고통을 의도하시지는 않으셨습니다. 타락으로 인해 고통은 아주 크게 더해지게 되었고 죄가 세상에 들어오게 됨에 따라 부조화를 이루게 되었습니다. 죄가 있기 전에는 모든 피조물들이 조화를 이루고 살았습니다. 이 땅의 피조물들 간에 협력이 있었고 그들을 다스리는 자와도 협력하였습니다. 이제 항상 고통을 이끌어내는 다툼이 생기게 되었습니다.

저주의 하나는 남자가 여자의 지배자가 된 것입니다. 이는 아주 평판이 나쁜 진리가 되었습니다. 왜냐하면 남성의 권세가 여성을 비극적으로 억압하고 학대하였기 때문입니다. 그럼에도 불구하고 주님께서는 "여성 해방 운동을" 하시는데 이는 원수가 미리 잘못된 길로 빠지게 하려했던 것으로 좋게 승화시킬 것입니다. 참된 영적 권세의 공표는 모든 사람이 해방되는 것입니다.

참된 영적 권세는 얽매이거나 억압하지 않고 해방시킵니다. "주는 영이시니 주의 영이 계신 곳에는 자유가 있느니라"(고후 3:17). 참된 영적 권세는 덮힌 것 아래 있는 자들에게서 덮힌 것을 제거하여 자유롭게 하고, 그들이 창조된 목적대로 살아가게 만듭니다. 이 권세는 굴복하여 복종시키게 하는 것이 아니라, 오히려 덮힌 것 아래 있는 자들을 섬김으로 자유롭게 하는 것입니다. 교회에 참된 권세가 회복되게 되면, 남자와 여자 모두를 하나님께서 창조하신 대로 회복시켜주게 됩니다. 권세는 사랑으로 행해져야지, 분노로 행해서는 안 됩니다. 참된 사랑의 권세 아래 있는 사람들은 세상에서 가장 자유로운 사람들입니다.

타락 이전에도 남자가 리더십이 있었다는 것은 명백한 사실입니다. 왜냐하면 선악을 알게 하는 나무의 열매를 먹지 말라고 남자에게 말씀 하셨기 때문입니다. 그러나 '리더십'과 '다스림'은 엄청난 차이가 있습니다. 비록 창조된 피조물을 다스리는 권세를 인간에게 주셨지만, 원래 남자가 여자나 다른 사람을 다스리라는 의도는 전혀 없었던 것처럼 보입니다.

타락 때문에 조화가 깨져버린 것입니다. 인간의 통치권은 피조물을 완전한 혼돈의 상태로 빠뜨리고 말았습니다. 이것은 오직 타락으로부터 회복됨으로만 되돌릴 수 있는 것입니다.

통치권은 명령이 필요합니다. 그러나 참된 권세는 인간의 속죄와 회복의 사랑을 보여줌으로 행합니다. 이는 물론 때때로 결단과 확고부동함이 요구되지만 지배함으로 하는 것이 아닙니다. 이는 어두움의 권세 아래 있는 자들을 위해 사람의 권세를 행함으로 그들을 해방시키는 것입니다. 이런 종류의 권세는 심지어 교회 안에서도 아주 귀한 것입니다. 그렇지만 우리는 이것을 회복할 때까지 이 권세를 쫓아야 합니다. 이것이 바로 에베소서 5장 22-28절이 우리에게 말씀 해주고 있는 것입니다.

"아내들이여 자기 남편에게 복종하기를 주께 하듯 하라 이는 남편이 아내의 머리 됨이 그리스도께서 교회의 머리 됨과 같음이니 그가 바로 몸의 구주시니라 그러므로 교회가 그리스도에게 하듯 아내들도 범사에 자기 남편에게 복종할지니라 남편들아 아내 사랑하기를 그리스도께서 교회를 사랑하시고 그 교회를 위하여 자신을 주심 같이 하라 이는 곧 물로 씻어 말씀으로 깨끗하게 하사 거룩하게 하시고 자기 앞에 영광스러운 교회로 세우사 티나 주름 잡힌 것이나 이런 것들이 없이 거룩하고 흠이 없게 하려 하심이라 이와 같이 남편들도 자기 아내 사랑하기를 자기 자신과 같이 할지니 자기 아내를 사랑하는 자는 자기를 사랑하는 것이라"

결혼관계는 그리스도와 교회의 사랑과 연합을 반영하는 것입니다. 남자와 여자의 관계 이 말씀처럼 회복되기 전까지는 속죄함이 우리 삶 속에서 완전하게 작동하지 않을 것입니다.

여자는 남자의 옆구리 갈비뼈로 만들어졌습니다. 그래서 여자의 자리는 바로 그곳 즉 남자의 옆이기 때문입니다. 남자와 여자는 많은 면에서 다르게 창조되었고 역할도 다르지만, 그것이 남자가 여자보다 중요하거나 여자가 남자보다 중요하게 만들어졌다는 의미는 절대로 아닙니다. 남자는 권세를 추진해야 하는 부담을 갖고 창조되었고, 반면에 여자는 다른 부분의 권세를 가지고 있습니다. 그렇지만 하나님의 나라의 권세는 섬기는 것이지 섬김을 받는 것이 아닙니다. 우리의 목표는 그리스도와 교회의 관계를 반영하는 식구처럼 되는 것이어야 합니다. 그렇게 되면 세상의 남자들은 크리스천 남자들을 바라보고 그렇게 하는 것이 남자들이 창조된 목적인 것을 알게 됩니다. 세상의 여자들 또한 크리스천 여자들을 바라봄으로 그들의 창조된 목적인 것을 알게 됩니다. 이것을 통해서 모든 사람들이 주님께서 의도하시는 그분과 교회와의 관계를 알게 되기 시작하게 됩니다.

DAY 37

남자에 대한 저주

"아담에게 이르시되 네가 네 아내의 말을 듣고 내가 네게 먹지 말라 한 나무의 열매를 먹었은즉 땅은 너로 말미암아 저주를 받고 너는 네 평생에 수고하여야 그 소산을 먹으리라 땅이 네게 가시덤불과 엉겅퀴를 낼 것이라 네가 먹을 것은 밭의 채소인즉 네가 흙으로 돌아갈 때까지 얼굴에 땀을 흘려야 먹을 것을 먹으리니 네가 그것에서 취함을 입었음이라 너는 흙이니 흙으로 돌아갈 것이니라 하시니라" (창 3:17-19)

사도 바울은 디모데전서 2장 14절에서 "아담이 속은 것이 아니고 여자가 속아 죄에 빠졌음이니라"라고 말씀하고 있습니다. 여자가 속임을 당하였고, 아담은 속임을 당하는 것보다 훨씬 나쁜 것인 그가 무엇을 하는 것을 알면서도 행하여 죄를 선택하였습니다. 역사가 증거하기를 여자들은 남자들보다 속임을 당하여 죄를 짓기 쉬운 경향이 있지만, 남자들은 악한 것인 줄 알면서도 여전히 그것을 행한다고 합니다. 이 세상에서 가장 악한 일들이 일어난 것을 보면 그것들은 대개 남자들에 의해서 행하여진 것입니다. 일반적으로 남자들은 무엇인가 잘못되었다는 것을 아는 능력이 있고, 여자들은 잘못되었다는 것을 알면 잘못된 것을 행하지 않는 마음이 있다고 합니다. 주님은 남자와 여자가 함께 살아가면 서로의 필요한 것을 나눌 수 있도록 남자와 여자를 만드신 것입니다.

우리는 또한 남자 때문에 땅이 저주 받은 것을 볼 수 있습니다. 창조시 남자에게는 땅을 다스리는 권세를 주셨는데, 타락함으로 그의 권세 아래 있던 모든 것이 타락하게 된 것입니다. 부조화와 죽음이 남자에 의해 퍼지게 된 이것 때문에 남자는 '수고' 해야만 땅으로부터 얻게 되었습니다. 남자가 일하도록 창조되었다고 배운 것을 기억하십니까? 그러나 일하는 것하고 수고하는 것하고는 차이가 있습니다. 수고하는 것은 일하는 것이긴 하지만 엄청난 노력과 고통으로 해야 하는 일을 말합니다. 이제 남자에게 다스리라고 허락하셨던 세상이 모든 면에서 남자들에게 저항하게 된 것입니다. 창조주와 인간의 조화, 교통, 교제가 죄에 의해 심각한 손상을 입게 된 것입니다.

사도행전 3장 20-21절에서 베드로는 주님의 재림에 관한 놀라운 진술을 하였습니다. "또 주께서 너희를 위하여 예정하신 그리스도 곧 예수를 보내시리니 하나님이 영원 전부터 거룩한 선지자들의 입을 통하여 말씀하신바 만물을 회복하실 때까지는 하늘이 마땅히 그를 받아 두리라" 바울은 예수님을 마지막 아담이라고 하였는데 왜냐하면 그분께서 첫 번째 아담의 타락으로 인해 잃어버린 모든 것을 회복시키실 분이기 때문입니다. 십자가의 구속함과 그리스도의 부활을 통하여 하나님과 삶, 사람과 사람, 그리고 사람과 모든 만물의 조화, 교통, 교제가 회복 될 것입니다. 이미 그리스도의 구속함과 새롭게 하심이 우리 삶 안에서 시작되었고, 우리는 이 모든 것을 체험하게 될 것입니다. 이 조화가 회복되면, 우리가 일할 때도 저항이 없게 되며, 창조의 목적을 이루고 훨씬 더 풍성하게 될 것입니다.

타락 후 인간은 더욱더 깊게 부패하게 되었습니다. 권세를 더욱더 악용하고 압박하는데 사용하였기에 다른 피조물들의 반항은 더 커지게 되었습니다. 우리가 마지막 아담인 그리스도로부터 속죄함을 받고 새롭게 태어나게 되면, 우리의 마음이 새로워지는 과정을 거쳐야만 합니다. 우리의 마음이 새로워지면, 하나님과 다른 피조물들과의 조화의 자리를 회복 받게 됩니다. 우리의 다스리는 권세가 새롭게 되면, 우리 역시 변하게 됩니다.

모든 교제는 신뢰를 바탕으로 하고 있습니다. 우리의 타락한 본성으로는 우리 자신의 이기적인 이유 대문에 권세를 사용하게 됩니다. 그러나 우리가 변하게 되어 하나님의 사랑 안에서 성장하기 시작하면, 권세를 남을 위해 사용하게 됩니다. 권세를 사랑 안에서 사용하기 때문에 신뢰의 다리가 하나씩 세워지게 됩니다. 신뢰에 의해서 행하기 때문에, 땅을 포함해서 인간의 권세 아래 있으면서 저항하던 것들이 점차 저항을 풀기 시작하게 됩니다. 그렇게 되면, 생산성과 풍성함은 더욱 증가되게 됩니다. 수고의 저주는 제거되고 우리의 원래 상태가 회복되게 됩니다.

그러므로 권세를 이해하는 것은 회복의 과정에 있어서 아주 중요한 것입니다. 예수님은 모든 다스림과 권세와 권능 위에 계신 분이십니다. 우리는 오직 그분 안에 거하는 정도에 다라 참된 영적 권세를 소유하게 됩니다. 그분은 스스로 권세를 비우시고, 완전하게 우리와 같이 되셔서 우리의 구원을 위하여 자신의 목숨을 내어 주셨습니다. 우리가 그분 안에 거하러 나아오면, 우리를 신뢰하시고 허락하여 주신 그분의 권세를 사용하게 됩니다. 그래서 우리는 우리 자신의 관심을 내려놓고 다른 사람의 관심을 섬길 수 있게 됩니다. 남을 높이기 위해 우리 자신을 낮추게 됩니다. 우리가 행하는 모든 일에서, 하나님의 구속의 목적과 타락으로 잃어버린 모든 것을 회복하게 됩니다.

'권세'가 권위주의의 결과 때문에 부정적인 상처의 냄새를 내포하고 있는 것처럼, 타락한 모든 피조물들의 마음에는 반역과 권세에 저항하려는 자연적인 성향이 있습니다. 그러한 성향으로는 권위주의가 극복될 수 없지만, 사랑이 바탕이 되고 근원이 된 참된 영적 권세를 극복할 수는 있습니다. 사랑은 섬기는 것입니다.

DAY
38

가려 주심

"아담이 그의 아내의 이름을 하와라 불렀으니 그는 모든 산 자의 어머니가 됨이더라 여호와 하나님이 아담과 그의 아내를 위하여 가죽옷을 지어 입히시니라" (창 3:20-21)

이 말씀은 성경이 기록한 그리스도가 희생하심으로 속죄하실 것을 예언한 첫 번째 말씀으로 간주되는 말씀입니다. 아담과 이브는 자신들 스스로가 벗은 것을 가리려고 했으나 그것은 충분한 것이 못되었습니다. 그런데 주님께서 무죄한 짐승을 죽여서 피를 흘림으로서 그들을 가려 주셨는데, 이는 예수님께서 우리의 죄 때문에 그분의 피를 흘리심으로 속죄해 주실 것을 예언한 것입니다.

우리는 스스로 죄를 가릴 수 없습니다. 아무리 선한 일을 행하여도 그것이 악을 대신하여 하나님께서 우리를 용납하게 할 수 없고, 죄가 우리 영혼에 만들어낸 부끄러움과 상처를 가릴 수 없습니다. 오직 주님만이 우리를 가려주실 수 있습니다. 우리 스스로 가리려고 시도하는 것은 우리를 속죄하시고 속량하신 예수님의 십자가를 조롱하는 것입니다.

아담과 이브의 죄에 대한 첫 번째 반응은 그들 자신을 바라보며, 벗은 것을 느끼고, 스스로 가리고 숨었던 것처럼, 우리가 크리스천이 되고 십자가에 대한 지식을 가졌음에도 불구하고 똑같은 과정을 되풀이 할 수 있습니다. 그렇지만 무엇을 느끼든 간에 죄를 지었을 때는 하나님께로부터 도망가지 말고 그분께 나아와야 합니다. 그분이 지불하신 대가는 우리가 아무리 험악한 죄를 지었어도 그 대가를 지불하고도 남습니다. 만약 우리가 십자가로 나아가지 않는다면 이는 죄의 짐을 스스로 지고 해결하겠다는 것이고, 십자가는 더이상 문제 해결에 충분한 것이 아니라고 인정하는 것이 됩니다. 이는 너무나 큰 죄로 죄의 값을 우리 스스로 지불해야 합니다. 이러한 생각은 비극적인 망상이요 자만으로 예수님의 십자가를 모욕하는 것일 뿐만 아니라, 십자가가 우리의 구원에 충분하다는 근본적인 믿음으로부터 떨어져 나가는 것입니다.

요한일서 1장 7-9절은 이를 확인해 줍니다.

"그가 빛 가운데 계신 것 같이 우리도 빛 가운데 행하면 우리가 서로 사귐이 있고 그 아들 예수의 피가 우리를 모든 죄에서 깨끗하게 하실 것이요 만일 우리가 죄가 없다고 말하면 스스로 속이고 또 진리가 우리 속에 있지 아니할 것이요 만일 우리가 우리 죄를 자백하면 그는 미쁘시고 의로우사 우리 죄를 사하시며 우리를 모든 불의에서 우리를 깨끗하게 하실 것이요"

이 말씀은 분명하게 그분의 피는 우리의 모든 죄와 불의를 깨끗하게 씻어 준다고 진술하고 있습니다. 우리 스스로 죄를 속죄하려고 하는 것은 예수님의 십자가를 모욕하는 것임을 알아야 합니다. 십자가가 충분하지 못하다고 생각하는 것은 비극적인 속임수이며, 그렇게 생각하게 되면 우리의 죄 값을 치르기 위해 십자가의 사역에 무엇을 더하거나 빼게 됩니다. 우리는 절대로 스스로를 가릴 수 없으며 그분께서 우리의 죄에 대해 공급해 주시는 가림이 충분하다는 것을 확실하게 믿어야 합니다. 에베소서 1장 7-8절에서 아래 말씀을 읽을 수 있습니다.

"우리는 그리스도 안에서 그의 은혜의 풍성함을 따라 그의 피로 말미암아 속량 곧 죄 사함을 받았느니라 이는 그가 모든 지혜와 총명을 우리에게 넘치게 하사"

에베소서 2장 13절은 우리에게 "이제는 전에 멀리 있던 너희가 그리스도 예수 안에서 그리스도의 피로 가까워졌느니라"라고 말씀하고 있습니다. 이 말씀은 십자가의 근본 목적인 우리를 하나님과 화해하게 할 뿐만 아니라 우리를 그분께 가까이 인도해서 그분이 인간을 창조하신 본래 목적인 친밀한 교제를 잘 설명해주고 있습니다. 그분은 우리가 가까이에 있기를 원하십니다. 히브리서 10장 19-22절 역시 이를 기록하고 있습니다.

"그러므로 형제들아 우리가 예수의 피를 힘입어 성소에 들어갈 담력을 얻었나니 그 길은 우리를 위하여 휘장 가운데로 열어 놓으신 새로운 살 길이요 휘장은 곧 그의 육체니라 또 하나님의 집 다스리는 큰 제사장이 계시매 우리가 마음에 뿌림을 받아 악한 양심으로부터 벗어나고 몸은 맑은 물로 씻음을 받았으니 참 마음과 온전한 믿음으로 하나님께 나아가자"

심지어 우리가 죄를 지었을지라도 하나님 앞에 나아올 수 있는 확신이 있어야 하는데, 이는 우리가 무엇을 할 수 있기 때문이 아니라 예수님의 피가 할 수 있기 때문입니다. 우리의 모든 확신은 그분 안에 있는 것이며 우리 안에 있는 것이 아닙니다. 심지어 회개할 수 있는 것까지도 그분께 있는 것입니다. 이는 우리가 하나님께 나아 올 수 있는 더욱 큰 확신을 줍니다. 기억할 것은 그분은 우리를 너무 사랑하셔서 우리의 죄를 속죄하기 위해서 독생자를 보내시기까지 하셨습니다. 십자가의 속죄는 가장 큰 죄를 속죄하고도 남습니다. 예수님의 속죄하심은 우리를 하나님과 화해시킬 뿐 아니라 우리의 양심을 씻어서 정결하게 하고도 남는 것입니다. 그러므로 절대로 여러분 죄나 잘못함이 여러분을 하나님께로부터 도망가지 못하게 하시고, 그런 상황에서 오히려 하나님께 나아오십시오. 그분과 친밀하게 될 때까지 십자가에 거하십시오.

DAY 39

쫓겨남

"여호와 하나님이 이르시되 보라 이 사람이 선악을 아는 일에 우리 중 하나 같이 되었으니 그가 그의 손을 들어 생명 나무 열매도 따먹고 영생할까 하노라 하시고 여호와 하나님이 에덴 동산에서 그를 내보내어 그의 근원이 된 땅을 갈게 하시니라 이같이 하나님이 그 사람을 쫓아내시고 에덴 동산 동쪽에 그룹들과 두루 도는 불 칼을 두어 생명 나무의 길을 지키게 하시니라" (창 3:22-24)

이 말씀은 불순종의 비극을 기록하고 있습니다. 인간은 하나님과 교제하도록 창조되었지만 그 교제가 단절되었습니다. 에덴동산은 인간을 위해 창조되었고, 그의 완전한 집이였지만 타락 후 인간은 그곳에 더 이상 머물 수 없게 되었습니다. 하나님과 우리의 관계에 부조화가 들어오게 되면, 우리는 그 부조화를 다른 모든 피조물에게 미치게 만듭니다. 인간은 이제 끊임없는 투쟁의 장소에서 살게 되었습니다. 하지만 우리가 속죄함을 받고 하나님과의 교제를 회복하면, 우리는 그분이 창조하신 장소로 회복을 받게 됩니다. 이것이 바로 복음이며, 우리가 전해야 할 메시지인 것입니다. 마가복음 16장 15절에서 주님은 "또 이르시되 너희는 온 천하에 다니며 만민에게 복음을 전파하라"라고 말씀하셨습니다. 로마서 8장 19-22절에는 낙원이 회복될 것이라고 말씀하고 있습니다.

"피조물의 고대하는 바는 하나님의 아들들의 나타나는 것이니 피조물이 허무한 데 굴복하는 것은 자기 뜻이 아니요 오직 굴복하게 하시는 이로 말미암음이라 그 바라는 것은 피조물도 썩어짐의 종노릇 한 데서 해방되어 하나님의 자녀들의 영광의 자유에 이르는 것이니라 피조물이 다 이제까지 함께 탄식하며 함께 고통을 겪고 있는 것을 우리가 아느니라"

성경은 피조물들의 회복에 관하여 비교적 적게 기록하고 있는데 왜냐하면 그것은 아주 분명한 것이기 때문입니다. 우리는 먼저 우리와 하나님과의 관계를 완전하게 회복시켜야만 하며, 그 다음에 우리와 다른 사람의 관계를 회복시켜야 합니다. 인간 사이의 교제를 회복하는 일은 실제 의도된 대로 남자와 여자 사이의 관계를 회복시켜줍니다.

타락으로 인해 남자와 여자 위에 임한 저주를 복습해보면, 우리는 여자가 가족을 확장하는데 즉 출산의 고통으로 허우적거리게 되고 남자는 일로 인해 허우적거리게 됨을 볼 수 있습니다. 일반적으로 여자에게 주어진 가장 큰 은사는 교제에 관한 것이고 남자에게 근본적으로 주신 은사는 일에 관한 것입니다. 여자는 사람지향적인 경향이 있고, 남자는 일 지향적인 경향이 있습니다. 이러한 필요를 잘 이해해야 서로가 잘 연결될 수 있고, 한 팀이 되어 창조된 목적대로 행할 수 있게 됩니다.

물론 이러한 것들은 남자와 여자를 보편화시킨 것으로 보편화시킨 것이 항상 참된 것은 아닙니다. 거의 모든 남자들로 어느 정도는 상관적이고 사람 지향적이며 약간의 남자들은 그것들이 여자들보다 더 심할 수도 있습니다. 마찬가지로 거의 대부분의 여자들도 어느 정도는 일 지향적이며 약간의 여자들은 그 정도가 남자들보다 더 심한 경우도 있습니다. 그렇지만 일반적으로 여자는 교제 지향적이고 남자는 일 지향적입니다. 왜냐하면 하나님께서 그렇게 창조하셨기 때문입니다. 그러므로 두 은사가 결합하게 되면 궁극적으로 삶을 완성할 수 있게 되는 것입니다.

이 둘이 결합이 안 되면, 아무에게도 필요하지 않거나 아무도 원하지 않는 수많은 것들을 갖게 될 수 있습니다. 또는 큰 교제는 있으나 아무것도 이룰 수 없게 됩니다. 이와 같은 이유 때문에 많은 위대한 목사님들이나 교회들이 엄격하게 남자만의 리더십 아래 아주 크고 광대하게 이루었지만, 실제로 하나님의 가족을 세우지 못했습니다. 교회는 우선적으로 가족이지 단체가 아닙니다. 교회가 더 이상 가족이 아니고 단체가 되면, 교회이기를 포기한 것입니다. 더 이상 교회가 아닙니다. 그러나 이와 정반대로 극단적이 되면, 아주 큰 가족을 이루지만 하나님의 나라를 위하여 아무것도 이루지 못하는 것이 되어 버립니다.

성경이 드러내는 전체 성향은 하나님은 가족적인 분이시고 그분의 가정을 세우시는 것이 이 땅에서 그분이 하시려는 근본적인 것이라는 사실입니다. 그분은 반복해서 우리의 아버지라고 언급하고 있고 우리는 그분의 자녀입니다. 그러나 어머니 없이는 아버지가 있을 수 없고 자녀도 있을 수 없습니다. 바울은 고린도전서 4장 15절에서 애탄하고 있습니다. "그리스도 안에서 일만 스승이 있으되 아비는 많지 아니하니 그리스도 예수 안에서 복음으로서 내가 너희를 낳았음이라"

아버지는 단순히 집안을 이끄는 분만이 아니시고 재생산하시는 분입니다. 오늘날 교회에 수도 없이 많은 교사들과 설교가들이 있지만, 그들과 같이 사역하는 사람들을 재생산 하거나 사역자들을 만들어내는 자들은 거의 없습니다. 아버지가 되려면 어머니가 함께 있어야 합니다. 그렇기 때문에 건물로서의 교회와 교회의 리더십에 여자들의 자리가 올바르게 자리 잡힐 때까지 이러한 현상은 계속될 수밖에 없습니다. 이 문제가 해결되지 않으면, 교회는 부름 받은 대로 가족이 되는 것이 아니라 계속해서 프로젝트 지향적이 될 수밖에 없습니다. 그러나 교회가 교회의 리더십에 교제 중심적으로만 만들어지고 적당하게 임무 지향적인 부분과 균형을 맞추지 못하면, 교회가 아주 큰 행복한 장소는 될지 몰라도 아무것도 성취하지 못하는 장소로 전락하게 됩니다. 우리에게는 둘 다 필요합니다.

DAY 40

제사

"아담이 그의 아내 하와와 동침하매 하와가 임신하여 가인을 낳고 이르되 내가 여호와로 인하여 득남하였다 하니라 그가 또 가인의 아우 아벨을 낳았는데 아벨은 양 치는 자였고 가인은 농사하는 자였더라 세월이 지난 후에 가인은 땅의 소산으로 제물을 삼아 여호와께 드렸고 아벨은 자기도 양의 첫 새끼와 그 기름으로 드렸더니 여호와께서 아벨과 그 제물은 받으셨으나 가인과 그의 제물은 받지 아니하신지라 가인이 몹시 분하여 안색이 변하니" (창 4:1-5)

남자와 여자에 의해 태어 난 두 아들은 본성이 너무 달랐습니다.

마치 주님께서 남자와 여자를 다르게 만든 것처럼 달랐습니다. 주님은 모든 사람을 독특하게 창조하셨습니다. 그분은 확실히 창조적인 것을 사랑하십니다. 이 사실은 우리에게 궁극적인 질문 중에 하나를 던지게 합니다. 왜 하나님을 세상에 나타내는 교회가 따분하게 획일적입니까? 왜 창조주 주님과 함께하는 교회가 창조적인 경향이 전혀 없으며, 세상의 추세를 따라가되 대개 일이 년씩 뒤떨어져서 따라가는 경향이 있습니까? 창조주 주님을 아는 자들은 이 땅에서 가장 창조적인 사람이 되어야 합니다. 우리는 교회를 획일적으로 만들려는 거짓 영의 권세에 의해 기만을 당하고 있는 제한된 비전의 압박을 던져버려야 합니다. 교회는 자유로워야 합니다. 그래야 교회가 창조력으로 세상을 놀라게 만들고 세상의 추세를 따라가지 않고 오히려 세상이 교회를 따라오게 만들 수 있습니다.

자유를 위한 다툼이 첫 번째 두 형제들 사이에서 시작되었습니다. 시기는 억압하게 만듭니다. 시기는 불안에 뿌리를 두고 있고, 이것은 인간이 계속해서 다투는 가장 큰 원인입니다. 우리는 마가복음 15장 10절에서 시기심 때문에 주님께서 십자가를 지게 되었다고 기록하고 있는 것을 볼 수 있습니다. 계속해서 사도행전과 사도들의 서신에서 박해가 시기심이 동기가 되어 생기게 되었다고 기록하고 있는 것을 반복적으로 찾아 볼 수 있습니다.

야고보서 3장 16절은 우리에게 "시기와 다툼이 있는 곳에는 혼란과 모든 악한 일이 있음이라"라고 말씀해주고 있습니다. 교회 안에서 발생하는 거의 모든 분쟁의 근원은 시기심 때문입니다. 사람들은 다른 교리를 사용하거나 어떤 것이 다르다는 것을 변명하지만, 그 바탕에는 대개 시기심이 도사리고 있습니다. 시기심은 거의 모든 인간의 다툼의 뿌리이며, 독특함이나 창조력을 뭉개버리는 숨 막히는 압박의 원인입니다. 우리는 우리 안에 생존하고 있는 이 악한 시기심을 인식하고 회개하는 법을 배우고, 다른 사람을 통해서 우리에게 부과되는 시기심의 영향력에 대항해야 합니다.

우리는 가인에게 나타났던 시기심의 뿌리를 그의 직업에서 그 흔적을 찾아 볼 수 있습니다. 가인은 이 땅에 마음을 둔 것을 의미하는 땅을 가는 농부였습니다. 땅은 저주를 받아 땀을 흘려야만 열매를 맺게 되었는데, 이는 인간적인 노력을 의미하고 우리 자신의 힘으로 하려고 하는 것을 의미합니다. 농부에게 이것이 옳을지 모릅니다. 그러나 가인은 주님께 자신의 힘으로 얻은 것을 드리려고 했습니다. 이렇게 드리는 제물을 하나님은 절대로 받으시지 않으십니다. 바울이 사도행전 17장 25절에서 말씀하였듯이 하나님은 "사람의 손으로 섬김을 받으시는 분"이 아니십니다.

아벨은 피의 제사를 드렸고 하나님께서 이를 받으셨습니다. 이는 하나님께서 유일하게 받으시는 예수님의 피의 제사의 예언입니다. 작은 아들에 의해 드려진 희생의 제사는 또한 하나님께서 받으시는 제사인 '마지막 아담'에 관한 예언입니다. 처음부터 하나님께서는 타락한 세상을 속죄하실 것을 예비하셨으며, 이러한 예언적인 행위들은 예수님과 십자가의 속죄함을 가리키고 있는 것입니다.

아벨의 제사는 받으시고 자신의 제사가 거절당하자 가인은 분노했습니다. 이것은 자신들의 선행으로 하나님께서 받으시는 제사를 드리려고 하는 자들과 예수님의 보혈의 공로로 제사를 드리려는 자들 간의 적대감에 대한 예언입니다. 예수님은 사회의 죄인으로 박해를 받은 것이 아니라 스스로 의롭다는 이유로 박해를 당하였습니다. 이것은 여전히 참됩니다. 교인들을 포함한 많은 사람들이 그들 자신의 노력을 그들의 의라고 믿고 있습니다. 그런 자들은 대개 신약을 선과 악을 알게 하는 나무인 또 하나의 율법 책으로 만듭니다. 그런 자들은 십자가의 의에 믿음을 둔 성도들에게 분노하고 박해합니다. 그러므로 우리는 두 아들에게서 뱀의 본성과 그분의 죽음으로 뱀을 이기시는 분의 본성을 볼 수 있습니다. 십자가를 신뢰하십시오. 어떤 때 박해를 받을 수도 있지만, 십자가는 이미 궁극적인 승리를 쟁취하였습니다.

DAY 41

죄와 우울증

"여호와께서 가인에게 이르시되 네가 분하여 함은 어찌 됨이며 안색이 변함은 어찌 됨이냐 네가 선을 행하면 어찌 낯을 들지 못하겠느냐 선을 행하지 아니하면 죄가 문에 엎드려 있느니라 죄가 너를 원하나 너는 죄를 다스릴지니라" (창 4:6-7)

성경적으로 한 사람의 '디락한 생김새'를 묘사하는 것은 우울증입니다. 우울증은 만물을 어둡고 울적한 견해로 바라보는 경향을 말합니다. 이 증세는 우리 시대에 놀라울 정도로 큰 문제가 되었습니다. 오늘 공부에서 알게 되겠지만, 이는 또한 가인이 동생 아벨을 죽이게 한 원인이기도 합니다.

우울증을 앓고 있는 모든 사람들이 잠재적인 살인자는 아닙니다. 대부분의 사람들은 이 문제를 내부적인 방법 즉 비호전적으로 다루고 있습니다. 그러나 이를 내부적인 방향으로 바꾼 사람들은 이것이 그들의 개인적인 삶을 파괴하고 극단적인 경우에는 자살하게 만듭니다.

하나님은 우울증에 대해서 위의 말씀에 기록된 것처럼 치료약을 주셨습니다. 이는 너무 단순해서 대부분의 사람들이 받아들이지 못하고 있습니다. 많은 심리학파를 포함해서 여러 사람들이 가인의 우울증은 하나님이 그를 거절했기 때문에 생긴 것이라고 말하는데, 그것은 그 문제를 표면적으로만 이해했기 때문에 생긴 결과입니다. 만약 주님께서 가인의 제사를 받으셨다면, 그것은 가인이 스스로 만든 의를 더 강하게 만들어 버렸을 것입니다. 주님께서는 가인을 구원으로 인도하기 위해 가인의 견해를 맞게 고치기 위해서 그의 제사를 거절하신 것입니다.

거절당하는 것은 항상 받아들이기 어려운 것이지만, 우리가 무엇인가 잘못 했을 때 우리에게 필요한 중요한 것입니다. 거절당하는 것이 우리 삶에 가장 획기적으로 이끌 수 있는 요인이 될 수 있습니다. 역사 속에서 어떤 중대한 일을 성취한 인물들 중에 그들의 삶에서 거절과 실패를 경험하지 않은 사람을 찾아 볼 수 없습니다. 거절은 기본적으로 주님께서 가인에게 말씀하신 내용처럼 우리를 쓰게 만들거나 더 좋게 만듭니다.

주님께서 가인에게 설명하신 것처럼, 우울증으로부터 해방될 수 있는 방법은 다른 사람이 우리의 있는 그 자체를 받아들임으로서가 아니고, 누군가 우리를 사랑하여 우리의 잘못된 것을 올바르게 시정해 주어서 우리로 옳은 것을 할 수 있게 만들어줌으로서 가능해지게 됩니다.

화학 약품이 원인이 되어 발생하는 우울증을 제외한 거의 모든 우울증은 항상 우리가 무엇인가 잘못 행하든가 우리가 알고 있는 올바른 것을 행하지 못해서 생기게 됩니다. 우울증에서 빠져 나오는 길은 주님께서 가인에게 말씀하신 것처럼 올바른 것을 행함으로 시작하게 됩니다.

근대의 심리학과 심리분석학은 사람들의 우울증을 치료하기 위해 우울증을 앓고 있는 사람들이 가지고 있는 도덕적인 표준을 공격함으로 치료하려고 시도하는데, 그것은 우울증 환자들이 현실적으로 불가능한 도덕적 표준대로 살려고 해서 우울증이 생긴 것이라고 믿기 때문입니다. 이는 우리가 옳고 그른 것을 바꾸려는 근본적인 시도입니다. 어떤 면에서 이들의 방법이 이해가 되는데 그 이유는 종교적인 남성들과 여성들은 자주 하나님의 말씀을 더하고, 인간의 개성을 파괴하는 율법주의를 부과하기 때문입니다. 그러나 죄는 죄입니다. 우리는 죄를 죄가 아니라고 할 수는 없습니다. 왜냐하면 주님께서 우리의 양심에 죄가 죄라는 것을 알 수 있게 하는 본능을 넣어주셨기 때문입니다. 우리가 이것을 합리화하려고 하면 할수록, 가인에게 경고했던 것처럼 우울증은 더욱더 우리의 삶에 뿌리를 내리게 됩니다. 우울증에서 빠져 나올 수 있는 유일한 방법은 죄를 회개하고 올바른 일을 하기 시작하는 것입니다.

흥미로운 것은 주님께서 가인에게 나쁜 짓을 하지 말라고 하시지 않고 단순히 '착한 일'을 하라고 하신 점입니다. 율법주의자들은 사람들에게 나쁜 짓을 하지 말라고 하는데 초점을 두지만, 주님은 긍정적인 것 즉 착한 일을 강조하셨습니다. 예수님께서 우리에게 말씀하신 것처럼 하나님을 사랑하고 이웃을 사랑하는 것은 율법의 완성입니다. 그렇게 하면, 사랑을 통해서 우리가 하는 일이 긍정적인 것이기 때문에 우리가 나쁜 짓을 하지 못하도록 자동적으로 막아주게 됩니다. 예를 들면, 우리가 하나님을 사랑하게 되면, 우리는 우상숭배를 하지 않게 됩니다. 우리가 이웃을 사랑하게 되면, 그들의 것을 훔치거나 부러워하지도 않고, 죽이지도 않을 것입니다. 우울증에서 빠져 나오는 간단한 방법은 사랑 안에서 올바른 일을 시작하는 것입니다.

우울증이나 자살 그리고 살인은 오늘날 젊은층 사이에서 점점 확산되는 유행병입니다. 흥미로운 것은 이러한 증상들이 심지어 어린이 보호법이 만들어지기 전에는 전혀 존재하지 않았다는 점입니다. 어린이 보호법이 발표되기 전에 많은 어린이들이 학대를 당했기에 그 법은 어린이들을 보호하기 위해 확실히 필요한 것이었습니다. 그런데 그 법이 극단적인 방향으로 흘러가서 실제로 젊은층에게 더 많은 문제거리를 제공하게 되었습니다. 그 법은 어린이들이 책임감을 배우고 그들의 삶에서 초점과 목적이 가장 필요한 때 실습하며 배워야 할 것을 빼앗아 버렸습니다. 격언에 "게으름은 마귀의 작업장"이라는 말이 있는데, 마귀는 확실하게 그 법에 의해 젊은이들이 게으르게 되었을 때 젊은이들의 게으름을 이용하였습니다. 그래서 부모로서 우리들이 자녀들에게 특별히 사춘기에 접어 든 자녀에게 의미 있는 의무와 책임을 가르치는 데 갑절의 노력이 필요하게 되었습니다. 그들이 '올바른 일'을 행하는 것을 배우게 된다면 그들에게 있어서 최악의 시간들이 최고의 시간으로 바뀌게 될 것입니다. 그들이 긍정적으로 행하게 되면, 우울증이 좀처럼 그들에게 들어갈 문을 찾지 못하게 될 것입니다.

시기와 살인

"가인이 그의 아우 아벨에게 말하고 그들이 들에 있을 때에 가인이 그의 아우 아벨을 쳐죽이니라" (창 4:8)

이 땅에 단지 두 형제만 살고 있었을 때에 그 둘은 잘 지내지 못했습니다. 뉴저지에 오직 두 개의 차가 등록되었을 때, 그 두 차가 충돌하였습니다. 우리는 잘 지내는데 문제가 있습니다. 인간의 영생을 빼앗아 가 버린 죄는 아주 빠르게 생명을 빼앗아 가는 살인을 저지르게 만들었습니다. 인간은 그들이 에덴동산에서 음성을 들었던 악한 자의 본성을

비전 가지기 233

입게 된 것입니다. 요한복음 8장 44절에서 주님께서 바리새인을 질책하실 때 다음과 같이 말씀하셨습니다.

"너희는 너희 아비 마귀에게서 났으니 너희 아비의 욕심대로 너희도 행하고자 하느니라 그는 처음부터 살인한 자요 진리가 그 속에 없으므로 진리에 서지 못하고 거짓을 말할 때마다 제 것으로 말하나니 이는 그가 거짓말쟁이요 거짓의 아비가 되었음이라"

이 땅에서 사탄의 목적은 죽이고 파괴하는 것입니다. 사탄은 거짓말을 통하여 행합니다. 요한일서 3장 8절은 "하나님의 아들이 나타나신 것은 마귀의 일을 멸하려 하심이니라"라고 말씀하고 있습니다. 주님은 생명을 주고 진실을 계시하심으로서 거짓과 살인을 파괴하러 이 땅에 오셨습니다. 요한복음 17장 18절에서 주님은 "아버지께서 나를 세상에 보내신 것같이 나도 그들을 세상에 보내었고"라고 기도하셨습니다. 마찬가지로 우리가 이 땅에 살고 있는 한 우리의 목적은 주님의 생명과 빛 안에 행함으로 사탄의 악한 일을 파괴하는 것입니다. 마태복음 16장 18절에서 주님은 지옥의 문이 그분의 교회를 이기지 못한다고 약속하였습니다. 그리스도 안에 있는 생명은 죽음보다 강력합니다. 그리스도 안에 있는 진리는 그 어떤 거짓보다 강력합니다. 생명과 진리가 궁극적으로 승리합니다.

생명과 진리가 어떻게 이기는 가를 이해하려면, 우리는 먼저 "지옥의 문"(마 16:18)을 이해해야만 합니다. 문은 들어가고 나오는 출입구입니다. 지옥의 문은 출입구로서, 지옥은 이를 세상과 교회 심지어 우리의 생명으로 들어오는데 이용합니다. 본래 지옥의 문은 에덴 동산에 있었습니다. 사탄은 세상을 다스리는 권세를 가진 남자와 여자를 거짓으로 속여 믿게 한 후에 세상에 들어오는 통로를 얻게 되었습니다. 사람이 마귀의 말을 들은 후, 마귀는 "처음부터 살인한 자"(요 8:44) 이었기 때문에, 사람이 살인자가 되는 것은 필연적인 것입니다. 그가 살인하도록 만든 거짓은 질투와 시기입니다.

가인이 동생의 제사를 하나님께서 열납 하신 것에 대해 느낀 시기심은 그를 더 나쁜 죄인 살인을 하도록 만들었습니다. 시기와 질투는 여전히 이 세상에 살인의 뿌리가 되고 있습니다. 심지어 예수님께서 십자가에서 죽음을 당하신 것도 질투 때문이며 (마 27:18, 막 15:10 참조), 사도들과 초대교회에 있었던 박해도 시기 때문이었습니다(행 5:17, 13:45참조).

그러면 어떻게 교회가 심지어 살인으로 이끄는 지옥의 문을 닫아버리는데 사용될 수 있습니까? 첫 번째로 우리 안에 시기와 질투의 뿌리가 남아 있으면 다른 사람들을 마귀로부터 구할 수 있는 권세가 없습니다. 시기는 결국 살인을 하게 하지만, 그전에는 그보다 가벼운 죄를 짓게 만듭니다. 이미 이전에 읽은 바 있는 야고보서 3장 16절을 통해서 시기심은 자기 야망과 연관이 깊다는 것을 알았습니다. 그 결과는 혼란, 분열 그리고 '모든 악한 것'을 하도록 만드는 것입니다.

시기는 오늘날 거의 대부분 그리스도의 몸인 교회의 분열을 일으키는 진짜 근원입니다. 인간은 그들의 이유가 다른 것이라고 합리화하려고 하지만, 그것의 진짜 뿌리는 시기입니다. 시기는 우리들 중 아무 사람의 가슴에 일어 날 수 있습니다. 시기가 일어났는데 회개하지 않으면, 시기는 그리스도의 사역을 파괴하거나 적어도 그것에 피해를 주게 됩니다. 교회가 마지막에는 지옥의 문을 이기게 됩니다. 어떻게 이깁니까? 사랑은 참되고 궁극적으로 시기를 이깁니다. 고린도전서 13장 4-8절은 다음과 같이 말하고 있습니다.

"사랑은 오래 참고 사랑은 온유하며 시기하지 아니하며 사랑은 자랑하지 아니하며 교만하지 아니하며 무례히 행하지 아니하며 자기의 유익을 구하지 아니하며 성내지 아니하며 악한 것을 생각하지 아니하며 불의를 기뻐하지 아니하며 진리와 함께 기뻐하고 모든 것을 참으며 모든 것을 믿으며 모든 것을 바라며 모든 것을 견디느니라 사랑은 언제까지나 떨어지지 아니하되 예언도 폐하고 방언도 그치고 지식도 폐하리라"

시기는 최초의 두 형제를 갈라놓았지만, 사랑은 그리스도 안에 있는 자들을 연합시킬 것이며 어떤 악도 그것을 막지 못합니다. 이미 "지옥의 문이 교회를 이기지 못할 것"(마 16:18)이라고 말씀드렸는데, 여기서 교회는 단수로 사용되었습니다. 우리가 연합하여 하나가 되면 지옥의 문은 우리를 이길 수 없습니다. 반대로 우리가 분열되면 지옥의 문은 우리를 이기게 됩니다. 그러나 사랑은 궁극적으로 이기는데, 종말 이전에 서로 사랑함으로 하나가 된 교회가 될 것입니다. 지금 당장 우리의 마음이 시기가 아닌 사랑에 의해 지배되도록 결단합시다. 우리가 그렇게 하면 절대로 실패하지 않습니다. 왜냐하면 "사랑은 절대로 실패"(한국 성경은 "사랑은 언제까지든지 떨어지지 아니하나") 하지 않습니다.

DAY 43

땅으로부터의 저주

"여호와께서 가인에게 이르시되 네 아우 아벨이 어디 있느냐 그가 이르되 내가 알지 못하나이다 내가 내 아우를 지키는 자니이까 이르시되 네가 무엇을 하였느냐 네 아우의 핏소리가 땅에서부터 내게 호소하느니라 땅이 그 입을 벌려 네 손에서부터 네 아우의 피를 받았은즉 네가 땅에서 저주를 받으리니 네가 밭을 갈아도 땅이 다시는 그 효력을 네게 주지 아니할 것이요 너는 땅에서 피하며 유리하는 자가 되리라"

(창 4:9-12)

저주는 우리에게 악의 권능을 방출합니다. 마귀는 "처음부터 실인한 자"(마 8:44)이었기 때문에, 그는 악한 권능으로 무죄한 피를 흘리게 하는 것과 같은 일들을 행하였습니다. 본문에서 우리는 가인이 형제를 죽였기 때문에 "땅에서 저주"를 받은 것을 볼 수 있습니다. 이 땅은 무죄한 피가 흘려졌기 때문에 오늘날도 많은 지역에서 인간을 저주 합니다. 그래서 많은 영적 운동이나 부흥운동이 이전 세대들에 의해 그 지역에 행해진 대로 회개하기 전에는 그 지역에서 일어나지 않고 있습니다.

왜 저주가 한 세대에 의해 생겨났는데, 그 저주가 다음 세대로 전해 내려가게 됩니까? 왜냐하면 죄를 범할 때마다, 본래 창조시 세운 놀라운 조화가 타격을 입고 상처가 생기기 때문입니다. 상처가 치료되려면, 모든 피조물에게 똑같이 적용되는 방법은 소독하여 살균하고 상처가 아물어야 하는 것입니다. 죄의 결과가 제거되려면, 화해하고 회복되어야만 하는 것입니다. 사무엘하 21장 1절에서 아주 좋은 성경적인 예를 찾아 볼 수 있습니다.

"다윗의 시대에 해를 거듭하여 삼년 기근이 있으므로 다윗이 여호와 앞에 간구하매 여호와께서 이르시되 이는 사울과 피를 흘린 그의 집으로 말미암음이니 그가 기브온 사람을 죽였음이니라 하시니라"

다윗 왕의 통치가 이전 왕조가 범한 죄 때문에 생긴 기근으로 고통을 받았습니다. 저주는 다윗의 통치를 벌하려고 내려진 것은 아닙니다. 왜냐하면 땅이 저주 받았기 때문입니다. 저주인 것이 명백해졌을 때, 다윗은 저주를 제거하기 위해 사울의 죄 때문에 상처받은 자들을 회복시킵니다. 그래서 다니엘과 느헤미야처럼 성경의 의로운 사람들은 조상들의 죄를 용서 해달라고 간구하였습니다. 조상들의 죄가 다음 세대에게 전해지는 이유는 이전 세대들이 잘못한 것으로 다음 세대를 처벌하려는 것이 아니고, 다음 세대로 저주를 제거하고 회개하고 회복시키려는 이유 때문입니다. 지역에 임한 저주는 의로운 자들에게 그 지역에 영적 치료가 필요하다는 것을 알려주는 경보입니다.

다윗 왕은 율법 아래 살았기 때문에, 사울의 죄 때문에 생긴 죄를 제거하는 유일한 방법은 기브온 족속으로 사울의 가문에 복수하게 하는 것이었습니다. 율법 아래서는 "눈은 눈으로, 이는 이로"(출 21:24) 복수하는 것이기 때문입니다. 그러나 우리는 더 이상 율법 아래 있지 않습니다. 저주는 이제 예수님의 십자가로 제거됩니다.

그럼에도 불구하고 죄는 반드시 인식되어야 하며, 그런 다음에 십자가의 회개를 적용해야 합니다. 회개하기 전에, 회개가 효과적이기 위해 죄인이 누구인지 분별해야만 합니다. 마찬가지로 흑인들에게 범한 백인들의 죄를 회개하기 위해서 백인들의 회개가 필요합니다. 침례교인의 죄를 회개하기 위해서 침례교인의 회개가 필요하고 마찬가지로 카리스마한 교단의 죄를 회개하기 위해서 카리스마한 교단의 회개가 필요한 것입니다.

근래에 이를 행하기 위해서 교회 안에서 '화해' 운동이 시작되었습니다. 이 운동은 하나님의 은혜를 도시에, 나라에 심지어 세상 전체에 놀라울 만큼 차고 넘치게 하였습니다. 우리의 역사에서 범한 사회적 또는 영적 죄를 회개하는 것은 단지 부흥만을 시작하게 하는 것이 아니라, 생명과 빛이 일어나게 하는 기폭제가 됩니다. 개인적으로 하는 회개도 개인의 삶에 똑같은 작용을 합니다. 교회에도 똑같이 적용됩니다. 많은 교회들이 이전에 교회가 지은 죄나 교회 지도자들이 지은 죄 때문에 불필요한 저주 아래 처해 있습니다.

가인에 관한 창세기의 말씀에서 땅으로부터의 저주는 그를 이 땅에서 방황하는 자로 만든 것을 볼 수 있습니다. 사람은 땅을 가꾸도록 창조되었기 때문에, 땅은 사람을 필요로 합니다. 그러나 서로를 대적해서 지은 인간의 죄로 인해 생긴 저주를 제거하기 전에는 이 땅에서 평화를 누릴 수 없습니다. 이것이 바로 난민 문제나 이스라엘과 팔레스타인 같은 문제들로 온 세상의 평화가 위협받는 문제가 되는 것입니다. 지역적으로 빈곤으로부터 헤어나지 못하는 이유도 대개는 이전 세대들의 죄에서 그 단서를 찾을 수 있습니다. 회개는 이 모든 것들에 하나님의 은혜와 사랑이 일어나게 하는 출발점입니다.

DAY 44

주님의 곁을 떠남

"가인이 여호와께 아뢰되 내 죄벌이 지기가 너무 무거우니이다 주께서 오늘 이 지면에서 나를 쫓아내시온즉 내가 주의 낯을 뵈옵지 못하리니 내가 땅에서 피하며 유리하는 자가 될지라 무릇 나를 만나는 자마다 나를 죽이겠나이다 여호와께서 그에게 이르시되 그렇지 아니하다 가인을 죽이는 자는 벌을 칠 배나 받으리라 하시고 가인에게 표를 주사 그를 만나는 모든 사람에게서 죽임을 면하게 하시니라 가인이 여호와 앞을 떠나서 에덴 동쪽 놋 땅에 거주하더니" (창 4:13-16)

주님께서 가인에게 어떻게 우울증으로부터 해방될 수 있는지 말씀해 주셨을 때 가인은 이를 듣지 않았습니다. 우리가 주님의 경고를 무시하게 되면, 가인에게서 볼 수 있는 것처럼 우리의 죄는 더 깊은 구렁텅이로 빠지게 됩니다. 가인이 자신을 낮추고 회개하고 주님께 돌아왔다면 도움을 받을 수 있었을 것입니다. 주님은 가인에게 죄를 다스려야 한다고 말씀하셨는데, 가인은 계속해서 죄가 그를 다스리게 하였습니다.

흥미로운 것은 심지어 그 당시에도 가인은 바울이 갈라디아서 6장 7절에서 설명하고 있는 뿌린 대로 거두는 법칙을 알고 있었다는 사실입니다. "스스로 속이지 말라 하나님은 업신 여김을 받지 아니하시나니 사람이 무엇으로 심든지 그대로 거두리라" 그는 그가 동생을 살인했기 때문에 그 역시 살인 당할 위기에 처해 있다는 것을 알고 있었습니다. 이는 중력의 법칙처럼 확실한 법칙입니다. 그러나 만약 우리가 은혜 받기를 원하면, 우리가 만나게 되는 모든 기회마다 은혜의 씨를 뿌려야만 하는 것입니다. 만약 우리가 선을 행하면, 선을 거두게 됩니다. 만약에 악을 행하면, 악을 거두게 되는 것입니다.

가인이 살해될 것을 두려워한다는 것을 읽을 때 어떤 분은 생각하기를 "누가 가인을 살해하느냐?"고 생각할 수 있습니다. 그들은 이미 땅에 충만하고 번성하라는 사명을 수많은 아들 딸을 생산하므로 충실히 수행하고 있었습니다. 분명히 가인이 아벨을 살해했을 때 이미 이 땅에는 사람들이 살고 있었습니다. 물론 그들은 가인의 아주 가까운 친척들이었지만, 가인은 여전히 그들을 두려워하고 있었습니다. 그가 동생을 살해하였으므로, 그의 형제가 그를 살해 할 수 있다는 사실을 분명하게 알고 있었습니다. 이는 정확하기 그지 없는 것으로 모든 인간은 한 가족으로부터 시작되었지만 그것이 서로를 공격하는 것을 멈추게 하지 못했습니다.

그럼에도 불구하고 주님은 가인에게 자비를 베푸셨습니다. 주님은 가인에게 그를 보호할 수 있는 표를 주셨습니다. 하나님께서 인간을 다루시는 역사를 통해서 보면, 하나님은 인간에게 우리가 받을 자격이 없음에도 은혜와 자비를 주시는데 지체하지 않으십니다. 그분의 은혜와 자비는 뿌린 대로 거두는 법칙을 무효화하기에 충분합니다. 성경 전체를 통해서, 우리는 하나님께서 인간이 뿌린 악의 씨를 뿌린 대로 거두는 법칙을 소용없게 만드시는 상황들을 많이 찾아 볼 수 있습니다. 그러나 우리는 또한 성경을 통해서 우리가 그분의 은혜와 자비를 거절하고 우리 마음을 강하게 할 때 임하는 그분의 신속한 심판에 대해서도 수많은 예를 찾아 볼 수 있습니다.

가인이 동생 아벨을 살해한 죄의 결과 중에 가장 나쁜 것은 그가 '하나님의 곁을 떠난 것' 입니다. 교회 안에서 또는 교회와 교회끼리 싸움이 발생할 경우 대개 이것이 최종 결과가 됩니다. 많은 사람들이 실제로 하나님을 떠납니다. 이것이 바로 처음부터 원수 마귀가 형제들끼리 서로 싸우게 만든 이유입니다. 마귀는 "형제를 참소하는 자"(계

12:10)입니다. 왜냐하면 그의 가장 효과적인 무기는 형제가 서로 참소하게 만드는 것이기 때문입니다.

어떤 면에서 가인은 아벨이 자기가 거절당한 이유라고 생각했습니다. 그러나 가인의 제사가 거절당한 것은 아벨의 제사와는 전혀 상관이 없는 것입니다. 가인의 문제에 대한 답은 아벨과는 무관한 것이며, 단지 그 자신의 문제였던 것입니다. 그러나 처음부터 우리 자신의 문제를 남의 탓으로 돌리는 것은 인간을 하나님의 은혜로부터 멀어지게 만드는 가장 근본적인 속임수 중에 하나였습니다. 이는 인간의 역사에서 가장 파괴적인 전쟁들로 이끌었고, 또한 교회에서 일어난 가장 파괴적인 싸움을 이끌어 내었습니다.

먼저 원수 마귀는 우리들로 다른 사람을 시기하게 만듭니다. 그런 다음에 그들 때문에 우리에게 문제가 생기게 되었다고 참소하게 합니다. 그래서 심각한 문제를 가지고 있는 국가가 아주 위험한 국가인 것입니다. 대개 자기 자신의 문제를 해결하려는 것보다 남의 탓으로 돌리는 것이 훨씬 쉽습니다. 만약 우리가 문제의 원인이 되는 공통적인 적을 탓하게 되면, 사람들은 우리 주위에 모여들 것입니다. 교회든 사람들이든 심각한 문제를 가지기 시작하면 위험한 존재가 되게 됩니다. 만약 우리가 그들이 남을 공격하고 탓하기 시작하는 것을 보면, 그 때가 바로 떠날 때입니다. 우리는 문제 거리를 해결하는 쉬운 방법처럼 보이는 원수 마귀의 함정에 계속해서 빠져서는 안 됩니다. 이는 다른 사람에게 불필요한 상처를 주게 됩니다. 그것보다 더 나쁜 것은, 우리로 '여호와의 앞을 떠나게' 만듭니다.

DAY 45

여호와의 이름을 불렀더라

"아담이 다시 자기 아내와 동침하매 그가 아들을 낳아 그 이름을 셋이라 하였으니 이는 하나님이 내게 가인이 죽인 아벨 대신에 다른 씨를 주셨다 함이며 셋도 아들을 낳고 그의 이름을 에노스라 하였으며 그 때에 사람들이 비로소 여호와의 이름을 불렀더라" (창 4:25-26)

에덴 동산에서의 처음 범죄 이후 계속적인 악순환을 통해 인간은 점점 더 부패하게 되었습니다. 주님은 인간을 자유하게 창조하셨고, 그분은 인간이 그들의 길로 가는 것을 그대로 두셨습니다. 그럼에도 그분의 한량없으신 사랑은 그분이 하실 수 있는 만큼 인간을 계속해서 축복하시고 도우셨습니다. 주님은 처음부터 그 결말을 알고 계셨으며, 그래서 처음부터 죄로부터 인간을 속죄하고 회복시킬 궁극적인 계획을 세우셨습니다.

하나님의 모든 방법은 인간이 그분에 관해 영원토록 배울지라도 인간의 방법보다 항상 더 위대합니다. 그분은 수백만 개의 별들이 서로 엉켜있는 은하계를 마치 커튼을 펴듯 펴시는 분이십니다. 그분은 지구의 궤도를 세우셨고, 백마일(백마일은 백육십 미터)의 1/8 인치에 해당하는 거리만 이탈해도 얼어 죽거나 타죽게 만드셨습니다. 그분은 또한 지구를 기울어진 축이 있게 해서 계절이 변하도록 만드셨습니다. 그런 다음에 달과 다른 혹성들을 만드셔서 그들의 궤도를 돌게 하셨고 그들의 중력이 지구를 안정시키게 하셨습니다. 만약에 이들 중에 어떤 것이라도 변하게 되면, 지구는 즉시 궤도를 벗어나게 되고 모든 생물은 멸망하고 맙니다. 과학자들은 세상의 모든 컴퓨터를 연결해도 그 능력으로는 우연히 생기지 않은 이런 상황을 계산해 낼 수 없다는 것을 인정하고 있습니다. 여기에 지구상의 생명을 유지하는 자연의 불가사의한 균형을 더하면, 우리는 하나님의 마음을 이해할 수 있는 한계를 훨씬 벗어나 있다는 사실을 알게 됩니다. 우리가 하늘을 바라보면, 지구는 바닷가에 있는 한 알의 모래처럼 한 알갱이 먼지에 불과합니다. 다윗 왕은 다음과 같이 감탄 하였습니다.

"주의 손가락으로 만드신 주의 하늘과 주께서 베풀어 두신 달과 별들을 내가 보오니 사람이 무엇이기에 주께서 그를 생각하시며 인자가 무엇이기에 주께서 그를 돌보시나이까" (시 8:3-4)

하나님은 사람을 숙고하실 뿐 만 아니라, 함께 거하시기로 사람을 선택하셨습니다. 도저히 이해할 수 없지만, 그분은 우리를 사랑하십니다. 그분은 우리를 너무 사랑하셔서 그분의 형상을 비우고 우리를 구원하기 위해 우리 중에 하나처럼 되셨습니다. 그분은 그분께서 우리에게 허락해 주신 자유를 침범하지 않는 범위 안에서 거의 대부분 우리가 알지 못하지만 우리의 잘못을 고쳐주시고 우리를 축복해 주십니다. 이브가 뱀에게 속임을 당하였지만, 그녀는 하나님께서 아들을 주신 것을 알아 차렸습니다.

"에노스가 태어난 후에 사람들이 여호와의 이름을 불렀다(창 4:26)" 여기서 사용한 히브리어로 "불렀다"는 카라(qura)인데, 이는 단순히 그분의 이름을 부른 것을 의미하지 않습니다. 이는 그들이 주님을 '찬양하고' '인정하였다' 는 것을 의미합니다. 이것은 인간이 빛으로 돌아오기 시작한 것을 의미하기도 합니다. 창조주 하나님을 보지 못하는 것은 아주 나쁜 기만이며, 지식석인 블랙홀의 어두움이 너무 깊은 상태를 의미하는 것입니다. 블랙홀은 우수의 이상 현상을 나타내는 단어로서 심지어 빛도 빠져 나올 수 없는 중력을 뜻합니다. 우리 세대의 인간들은 심지어 과학적인 증거도 압도적으로 그분이 존재하심을 인정하는데도 하나님을 알아보지 못하는 블랙홀과 같이 지적으로 부패해 있습니다. 그럼에도 불구하고 처음부터 항상 그분을 찬양하는 사람들은 있습니다.

사람은 가장 더럽게 부패할 수 있지만, 주님의 이름을 부를 수 있는 빛을 조금이라도 가지고 있다면 그는 구원받을 수 있습니다. 도저히 이해할 수 없는 하나님의 사랑은 그를 신뢰하는 자는 누구든지 거절하시지 않으시며 사도행전 2장 21절에 기록되어 있는 대로 구원을 받습니다. "누구든지 주의 이름을 부르는 자는 구원을 받으리라 하였느니라" 이는 로마서 10장 12-14절에서 다시 반복하여 상세히 설명하고 있습니다.

"유대인이나 헬라인이나 차별이 없음이라 한 분이신 주께서 모든 사람의 주가 되사 그를 부르는 모든 사람에게 부요하시도다 누구든지 주의 이름을 부르는 자는 구원을 받으리라 그런즉 그들이 믿지 아니하는 이를 어찌 부르리요 듣지도 못한 이를 어찌 믿으리요 전파하는 자가 없이 어찌 들으리요"

주님은 "모든 사람의 주가 되사 저를 부르는 모든 사람에게 부요" 하십니다. 하나님의 나라에는 참된 부요인 하나님의 길인 진리와 지식이 있습니다. 말씀은 또한 전하는 자가 없으면 다른 사람들이 듣지 못한다고 기록하고 있습니다. 어떻게 우리가 우리를 그렇게 부요하게 축복 주시는 분을 전파하지 않을 수 있습니까? "주의 이름을 부르는 자"는 단순히 그분께 기도하는 것만을 의미하지 않고, 그분을 전파하는 것을 포함하고 있습니다. 우리가 그분의 사랑으로 어루만지심을 받았다면, 어떻게 우리가 그분의 방법의 지식으로 오는 무한한 부를 나누지 않을 수 있습니까?

DAY 46

하나님과 동행하기

"야렛은 백육십이 세에 에녹을 낳았고 에녹을 낳은 후 팔백 년을 지내며 자녀들을 낳았으며 에녹은 육십오 세에 므두셀라를 낳았고 므드셀라를 낳은 후 삼백 년을 하나님과 동행하며 자녀들을 낳았으며 그는 삼백육십오 세를 살았더라 에녹이 하나님과 동행하더니 하나님이 그를 데려가시므로 세상에 있지 아니하였더라" (창 5:18-19, 21-24)

에녹은 성경에 기록된 가장 주목할 만하고 영감을 주는 인물 중의 한 분이십니다. 그는 하나님과 동행해서 하나님께서 데려가셨기 때문에 죽음을 맛보지 않았습니다. 히브리서 11장 5절에서 우리는 다음 내용을 읽을 수 있습니다.

"믿음으로 에녹은 죽음을 보지 않고 옮겨졌으니 하나님이 그를 옮기심으로 다시 보이지 아니하였느니라 그는 옮겨지기 전에 하나님을 기쁘시게 하는 자라 하는 증거를 받았느니라"

에녹 때까지 아담은 여전히 생존해 있었습니다. 아마도 에녹은 아담과 더불어 타락 이전에 하나님과 동행하였던 것이 어떠했는지에 관해 이야기를 나누었을 것입니다. 무엇인가 그를 아주 많이 자극해서 에녹은 하나님과 아담이 타락 전에 나누던 교제와 같은 교제를 나누기를 사모했고 그것을 열심히 찾았습니다. 하나님께서는 그에게 응답하셨습니다.

성경이 에녹만 그렇게 될 수 있다고 기록하고 있습니까? 아닙니다. 사실 야고보서 4장 8절은 "하나님을 가까이 하라 그리하면 너희를 가까이 하시리라"라고 약속하고 있습니다. 우리 모두는 우리가 원하는 것만큼 하나님과 가까이 있을 수 있습니다. 얼굴을 가리는 것은 이미 벗기어졌고 누구든지 예수님의 보혈의 피로 주님 앞에 나아 갈 수 있습니다. 우리는 성경에 기록된 그 누구보다 하나님께 더 가까이 나아 갈 수 있습니다. 그분은 우리를 바로 그 목적 즉 그분과 우리가 교제하는 것을 위해 창조하셨습니다. 만약 우리 삶 속에 역사하는 구속의 정도를 잴 수 있는 것이 있다면, 바로 우리가 얼마나 그분께 가까이 나아갔는가 하는 것일 것입니다. 우리를 에녹처럼 하나님과 가까이 하지 못하도록 막고 있는 것은 우리 자신의 욕망입니다.

우리 하나님은 위엄이 있으시고 거룩하신 하나님이십니다. 그분은 태우는 불과 같은 분이셔서 우리가 그분께 가까이 나아가면 우리 삶의 나무, 지푸라기, 그루터기는 다 타버리게 됩니다. 그렇다고 하나님께 나아가는 것을 우리가 완전해질 때까지 기다릴 필요는 없습니다. 왜냐하면 히브리서 4장 15-16절에서 말씀하고 있는 것처럼, 우리가 하나님께 가까이 가게 되면 우리는 저절로 변화되기 때문입니다.

"우리에게 있는 대제사장은 우리의 연약함을 동정하지 못하실 이가 아니요 모든 일에 우리와 똑같이 시험을 받으신 이로되 죄는 없으시니라 그러므로 우리는 긍휼하심을 받고 때를 따라 돕는 은혜를 얻기 위하여 은혜의 보좌 앞에 담대히 나아갈 것이니라"

만약 우리가 죄를 짓고 하나님의 은혜가 떨어지게 되면, 아담과 이브처럼 도망가지 말고 반드시 그분께 달려 나아가야 합니다. 우리는 절대로 그분으로부터 도망칠 수 없습니다. 성경을 통하여 증거된 바에 의하면, 그분은 절대로 우리를 강제로 그분 앞에 나아오게 하시지 않습니다. 그분을 찾기 위해 그분께 가까이 나아가려고 하는 우리 자신의 간구함이 있어야 합니다. 예레미야 29장 13절에서 그분은 "너희가 온 마음으로 나를 구하면 나를 찾을 것이요 나를 만나리라"라고 약속하셨습니다. 만약 우리가 그분께 아주 가까이 나아가기를 원하면, 우리로 하여금 그분께 나아가지 못하게 가로막는 것들을 포기해야 합니다. 다른 것을 할 수 있는 상황에서 그분께 나아갈 것을 선택해야 하는 것입니다.

유다서 1장 14절에 에녹에 관한 또 하나의 흥미로운 진술을 볼 수 있습니다. "아담의 칠대 손 에녹이 이 사람들에 대하여도 예언하여 이르되 보라 주께서 그 수만의 거룩한 자와 함께 임하셨나니" 에녹은 성경이 기록한 최초의 예언을 한 분이십니다. 이는 그분의 친구로서 하나님과 함께 하는 것이 참된 예언적인 사역을 하는 본질이고 근본이 됨을 보여주는 것입니다. 친구는 그들의 계획과 목적을 함께 나눕니다. 그래서 주님은 아모스 3장 7절에서 "주 여호와께서는 자기의 비밀을 그 종 선지자들에게 보이지 아니하시고는 결코 행하심이 없으시리라"라고 말씀하신 것입니다.

주님께서는 그분의 선지자들에게 먼저 보이시지 않고 행하신 것이 없으십니다. 그분이 그렇게 하시는 것은 그것이 그분이 원하시는 것이기 때문입니다. 그분이 그렇게 하시기를 원하시는 것은 선지자들은 그분의 친구이기 때문입니다. 아무것도 우리를 하나님께 나아가지 못하게 막지 못합니다. 그 무엇도 우리가 하나님께서 에녹을 데려가신 것처럼 하나님과 동행 할 수 없다고 말하고 있지 않습니다. 사실 그것이 진짜로 들림 받은 것이 아닐까요?

DAY 47

노아와 네피림

"사람이 땅 위에 번성하기 시작할 때에 그들에게서 딸들이 나니 하나님의 아들들이 사람의 딸들의 아름다움을 보고 자기들의 좋아하는 모든 여자를 아내로 삼는지라 여호와께서 이르시되 나의 영이 영원히 사람과 함께 하지 아니하리니 이는 그들이 육신이 됨이라 그러나 그들의 날은 백이십 년이 되리라 하시니라 당시에 땅에는 네피림이 있었고 그 후에도 하나님이 아들들이 사람의 딸들에게로 들어와 자식을 낳았으니 그들은 용사라 고대에 명성이 있는 사람들이었더라" (창 6:1-4)

성경은 분명하게 천사가 사람의 모양을 가질 수 있는 능력이 있다고 기록하고 있습니다. 그렇기 때문에 히브리서 13장 2절에 "손님 대접하기를 잊지 말라 이로써 부지중에 천사 들을 대접한 이들이 있었느니라"라고 우리에게 말씀해 주고 있는 것입니다. 천사는 구원을 얻은 자들을 섬기는 섬김의 영입니다(히 1:14절 참조). 하나님은 그들을 사랑하고 그들은 하나님을 사랑합니다. 우리는 천사의 임재를 편안하게 느끼는 법을 배워야 합니다. 왜냐하면 그들과 인간, 특별히 믿는 자들과 그들 간에 엄청난 교류가 있기 때문입니다. 우리는 또한 그들과 인간의 교제에 있는 한계를 알아야 하는데, 그 이유는 그들의 거처를 지키고 여전히 하나님을 섬기는 타락한 천사들 때문입니다.

위에 있는 본문의 말씀에서, 우리는 그들이 거처를 떠나 이 땅에서 여자를 택하여 자녀를 얻은 천사들을(때때로 성경에서는 그들을 "하나님의 아들들"이라고 기록하고 있습니다) 볼 수 있습니다. 이는 하나님께서 창조하지 않으신 초능력을 가진 인간 즉 네피림을 만들어 냈습니다. 많은 신학자들은 이것이 그리스 신화나 다른 고대의 신화에 근거를 두고 있다고 믿습니다. 이 초능력을 가진 종족은 이 땅이 더 이상 참을 수 없는 부패와 폭력을 초래했고, 그래서 멸망시켜 버렸습니다.

"여호와께서 사람의 죄악이 세상에 가득함과 그의 마음으로 생각하는 모든 계획이 항상 악할 뿐임을 보시고 땅 위에 사람 지으셨음을 한탄하사 마음에 근심하시고 이르시되 내가 창조한 사람을 내가 지면에서 쓸어버리되 사람으로부터 가축과 기는 것과 공중의 새까지 그리하리니 이는 내가 그것들을 지었음을 한탄함이니라 하시니라 그러나 노아는 여호와께 은혜를 입었더라 이것이 노아의 족보니라 노아는 의인이요 당대에 완전한 자라 그는 하나님과 동행하였으며" (창 6:5-9)

9절의 "완전한 자 (blameless)"라고 번역된 히브리어는 "타미이임 (taw-meem)" 입니다. "타미이임(taw-meem)"은 대개 "정직하고, 진실되고, 흠이 없고, 완전하게 끝마치고, 완전하고, 넘치고, 순결한 것"을 의미합니다. 노아의 인격에 관하여 노아는 "의인"이라고 했고, 우리 말 성경에 번역된 "당대의 완전한 자"는 영어성경에는 "당대에 결백한 자"로 번역하기도 합니다. 당대에 완전한 자는 그의 족보와 관련이 있는 것입니다. 이는 노아가 타락한 천사들의 피가 섞이지 않은 순수한 혈통이라는 것을 의미하는 완전한 참고사항이 되는 것입니다. 이것은 왜 노아의 세대가 중요한 것인지를 알게하는 부분인 것입니다. 그는 타락한 천사들로 인해 혼합되지 않은 순수한 사람 이었습니다.

하나님은 사람을 이 땅에서 그분의 목적을 이루도록 완전하게 창조하셨습니다. 사람은 영이신 하나님과 교제하도록 창조되었습니다. 그러므로 인류는 항상 하나님과 교제하기를 원하는 영적 바램이 있습니다. 이것은 하나님 편에서도 분명하게 나타나고 있는데, 그분은 처음부터 마지막 상황을 알고 계셨기 때문에, 그분의 아들을 통해 새로운 창조를 의도하시고 계셨습니다. 새로운 창조는 본래의 창조보다 훨씬 더 뛰어난 것인데 그 이유는 새로운 창조에서 인간은 초자연적인 은사들과 권능을 받게 되기 때문입니다. 성경은 요한복음 14장 12-13절에서 기록하고 있는 것처럼, 어떤 자들은 예수님께서 하신 일을 하는 것뿐만 아니라 그보다 더 큰일을 할 것이라고 분명하게 기록하고 있습니다.

"내가 진실로 진실로 너희에게 이르노니 나를 믿는 자는 내가 하는 일을 그도 할 것이요 또한 그보다 큰 일도 하리니 이는 내가 아버지께로 감이니라 너희가 내 이름으로 무엇을 구하든지 내가 행하리니 이는 아버지로 하여금 아들을 말미암아 영광을 얻으시게 하려 함이라"

하나님의 성령으로 새롭게 태어난 크리스천들은 사실 '초능력의 종족' 입니다. 이것은 정욕에 의한 육체와 영이 혼합되어 생긴 결과물이 아닙니다. 네피림은 하나님께서 성령을 통해서 하시려는 새로운 창조를 선점해 보려던 사탄의 시도였습니다. 교회가 부름에 합당한 모든 일을 하게 되면, 큰 일들을 하게 됨으로 성도들은 '유명한 사람' 이 되게 됩니다. 그러나 이 큰 일들은 폭력이 아닌 의로운 일이 될 것입니다. 성도들은 모든 일에 거룩하신 성령께 순종함으로 사랑 안에서 치료하고 회복시키는 일을 하게 될 것입니다.

DAY 48

심판

"하나님이 노아에게 이르시되 모든 혈육 있는 자의 포악함이 땅에 가득하므로 그 끝 날이 내 앞에 이르렀으니 내가 그들을 땅과 함께 멸하리라 너는 고페르 나무로 너를 위하여 방주를 만들되 그 안에 칸들을 막고 역청을 그 안팎에 칠하라 내가 홍수를 땅에 일으켜 무릇 생명의 기운이 있는 육체를 천하에서 멸절하리니 땅에 있는 것들이 다 죽으리라 그러나 너와는 내가 내 언약을 세우리니 너는 네 아들들과 네 아내와 네 며느리들과 함께 그 방주로 들어가고 혈육 있는 모든 생물을 너는 각기 암 수 한 쌍씩 방주로 이끌어들여 너와 함께 생명을 보존하게 하되 노아가 그와 같이 하여 하나님이 자기에게 명하신 대로 다 준행하였더라" (창 6:13-14, 17-19, 22)

주님께서 인내하시는 것은 우리의 상상을 훨씬 더 초월합니다. 요한계시록 2장 20-21절에서 우리는 주님께서는 이세벨에게 "회개할 기회(시간)"을 주신 것을 볼 수 있습니다. 그런데 하나님의 인내하심 그 자체가 심판의 한 형태입니다. 전도서 8장 11절은 "악한 일에 관한 징벌이 속히 실행되지 아니하므로 인생들이 악을 행하는데에 마음이 담대하도다"라고 말씀하고 있습니다. 악한 자들은 하나님의 징계가 늦어지는 것을 하나님께서 그들이 행하는 악에 관심이 없다고 해석합니다. 그래서 더욱더 타락하게 됩니다. 오직 참된 의인 또는 마음에 의가 있는 자들만이 하나님의 인내가 그분의 은혜라는 것을 압니다.

그분의 인내는 우리로 회개하게 하려는 것입니다. 고린도전서 11장 31절은 "우리가 우리를 살폈으면 판단을 받지 아니하려니와"라고 말씀하고 있습니다. 마태복음 21장 44절에서 주님은 "이 돌 위에 떨어지는 자는 깨지겠고 이 돌이 사람 위에 떨어지면 그를 가루로 만들어 흩으리라 하시니"라고 말씀하시고 계십니다. 돌 위에 떨어지는 것이 돌이 우리 위에 떨어지는 것보다 좋은 것입니다. 우리를 겸손하게 하고 회개하는 것이 그분께서 우리를 심판하는 것보다 나은 것입니다.

주님께서는 우리에게 회개할 시간을 주시고 우리 스스로가 징계할 시간을 주셔서 주님께서 심판 하실 필요가 없도록 하십니다. 그럼에도 불구하고 주님의 인내는 한계가 있습니다. 우리의 죄에 대해서 급한 심판을 하시는 시점이 있습니다. 죄를 짓고도 어느 정도까지 별일이 없기 때문에 그분의 은혜를 잘못 이해하는 것은 비극적인 실수입니다.

주님께서는 이 땅이 부패하신 것을 바라보시고 살아 있는 모든 생물을 쓸어버리고 그분이 보호하는 남은 자들을 통해 다시 시작하시기로 결정 하셨습니다. 이는 성경과 역사를 통해서 계속해서 반복되는 것을 볼 수 있는 선례입니다. 인류는 하나님께서 거하시는 장소로 큰 부름을 받았지만, 사탄은 이 부름을 부패하게 만들고 악용해서 하나님으로 하여금 창조된 사람들을 심판하도록 만들었습니다. 그러나 항상 사탄이 타락하게 만들지 못하도록 주님께서 이용하여 그분의 궁극적인 목적을 달성하게 할 남은 자들이 있습니다.

큰 부름을 받았지만 원수 마귀가 타락하게 만든 수없이 많은 개인과 가정, 교회의 영적운동이 있습니다. 주님 스스로가 부르신 많은 것들을 제거하셔야 했습니다. 그럼에도 항상 그분의 목적을 다른 장소나 시간에 계속해서 씨로 사용할 수 있는 남은 자들이 있습니다. 이러한 이유 때문에 하나님의 나라를 아주 크게 진행시킨 위대한 지도자들이 실패했던 이전의 영적 운동이 교회로부터 나오는 것입니다.

교회의 분쟁이나 실패 때문에 심하게 실망한 많은 사람들은 이를 그들이 무력화시키도록 허용하기 때문에 하나님의 나라를 위해 다시는 효과적으로 사용되지 못합니다. 반면에 어떤 사람들은 홍수의 심판을 견딜 수 있는 방주를 지음으로, 그들의 목적을 달성할 수 있는 미래의 남은 자로 보호받게 됩니다.

언급한대로, 하나님께서 우리에게 허용하시는 모든 것은 우리를 더욱 성숙하게 만들기 위해서입니다. 이러한 것들은 우리를 괴롭게 만들든지 아니면 더 좋게 만듭니다. 그리스도는 우리가 이 땅에서 만나는 어떤 상황이나 문제들 위로 떠오를 수 있게 하는 방주이십니다. 우리가 그분 안에 거하면 우리는 모든 홍수를 극복할 수 있습니다. 그분 안에는 그 어떤 폭풍도 꿰뚫을 수 없는 평화가 있습니다. 그분은 그 어떤 적군도 무너뜨리지 못하는 요새이십니다. 멸망이 임하는 상황을 만났을 때 그 상황으로부터 도망가지 마시고 방주이신 예수님께로 달려 가십시오.

만약 우리가 그리스도 안에 거하면 성령 안에 거하게 됩니다. 그분의 성령은 "사랑과 희락과 화평과 오래 참음과 자비와 양선과 충성과 온유와 절제"(갈 5:2-23)로 나타나게 됩니다. 우리가 완전히 그분 안에 거하게 되면 그 어떤 것도 이 열매를 우리의 삶에서 빼앗아 갈 수 없습니다. 어떠한 공격도 우리의 사랑하는 것, 주 안에서 가지는 기쁨, 우리를 비난하는 것을 인내하는 것, 우리가 호의나 선행을 베푸는 것, 신실한 것, 부드러운 것, 자제하는 것을 멈추게 할 수 없습니다. 원수 마귀의 공격은 우리로 하여금 성령의 열매를 타협하게 만드는 의도를 가지고 있습니다. 이것은 우리를 방주로부터 밖으로 나오게 하여 홍수에 의해 멸망하게 만들려는 수작입니다.

DAY 49

언약

"여호와께서 그 향기를 받으시고 그 중심에 이르시되 내가 다시는 사람으로 말미암아 땅을 저주하지 아니하리니 이는 사람의 마음이 계획하는 바가 어려서부터 악함이라 내가 전에 행한 것 같이 모든 생물을 멸하지 아니하리니 땅이 있을 동안에는 심음과 거둠과 추위와 더위와 여름과 겨울과 낮과 밤이 쉬지 아니하리라 하나님이 노아와 그와 함께 한 아들들에게 말씀하여 이르시되 내가 내 언약을 너희와 너희 후손과 너희와 함께 한 모든 생물 곧 너희와 함께 한 새와 가축과 땅의 모든 생물에게 세우리니 방주에서 나온 모든 것 곧 땅의 모든 짐승에게니라 내가 너희와 언약을 세우리니 다시는 모든 생물을 홍수로 멸하지 아니할 것이라 땅을 멸할 홍수가 다시 있지 아니하리라 하나님이 이르시되 내가 나와 너희와 및 너희와 함께 하는 모든 생물 사이에 대대로 영원히 세우는 언약의 증거는 이것이니라 내가 내 무지개를 구름 속에 두었나니 이것이 나와 세상 사이의 언약의 증거니라" (창 8:21-22, 9:8-13)

인간의 마음이 악을 행하는 것에 완전하게 내어 주었기 때문에 심판이 필요해졌습니다. 그럼에도 불구하고 심판을 통해서 하나님께서는 이 땅이 새로운 시작을 하게 하셨습니다. 때때로 하나님께서 도시나 지역 또는 문화를 심판하시지만, 여기서 하나님께서는 인간과 처음으로 언약을 맺으셨는데 그것은 더 이상 땅을 저주하시지 않는 것과 다시는 홍수로 이 땅을 심판하시지 않으신다는 것입니다. 그런 다음 그분은 구름 속에 무지개를 언약의 표로 주셨습니다. 이 순간부터 성경에 무지개가 언급되면 그것은 축복을 의미하는 것입니다.

전능하신 하나님께서 타락한 인간과 왜 언약을 맺으셨을까요? 언제든지 두 상대가 언약을 맺을 때는 모두가 무엇이든 기여해야만 합니다. 만약 언약이 일방적이 되면, 강한 쪽이 약한 쪽을 지배하게 됩니다. 전능하신 하나님은 인간으로부터 필요한 것이 아무것도 없으심에도 반복적으로 일방적으로 인간에게 이익이 되는 약속을 하십니다. 믿음의 가장 큰 문제 중에 하나가 바로 그러한 약속이 참되다는 것을 믿지 못하는 인간의 무능력 때문입니다. 인간은 하나님의 호의 순종 이외에는 아무것도 드릴 수 없지만, 주님이 원하는 것은 순종 바로 그것뿐입니다. 죽음과 악이 인간의 불순종 때문에 세상에 임하게 되었습니다. 로마서 5장 19절에서 볼 수 있듯이 순종은 이 땅을 회복시킬 수 있습니다.

"한 사람의 순종하지 아니함으로 많은 사람이 죄인 된 것 같이 한 사람이 순종하심으로 많은 사람이 의인이 되리라"

전능하신 하나님은 계속해서 인간에게 그분의 말씀을 주셨으며 그분의 말씀은 절대로 실패함이 없습니다. 그분은 후에 아브라함과 이스라엘과 그 다음에 십자가를 신뢰하는 모든 사람들과 언약을 맺으십니다. 언약이 우리를 위한 것이고 특별히 우리의 구원을 위한 것임에도 불구하고 그분이 원하시는 언약에 대한 대가는 우리의 순종뿐입니다.

새 언약의 예비하심은 타락의 결과로부터 인간을 완전하게 회복시키는 것 뿐만 아니라 인간을 타락 이전의 상태보다 더 높은 위치로 높이는 것입니다. 새로운 창조는 우리가 단순히 하나님과 동행하는 것만이 아니고 우리가 하나님과 함께 사는 것입니다. 이것은 심지어 천사들도 이해 할 수 없는 것입니다. 주님은 순종하는 자들에게 영생을 선물로 주실 뿐만 아니라 그들을 아들과 딸로 삼으십니다. 그분은 심지어 우리와 함께 살기 위해서 오셨습니다. 우리는 우리가 가진 모든 것과 생각까지 오직 그분께 헌신하고 순종할 가치가 없는 것일까요?

로마서 1장 5절과 16장 26절에서 바울은 "순종의 믿음"에 대해 언급하고 있습니다. 참된 믿음은 순종입니다. 우리는 예수님의 십자가 안에서 믿음으로 새 언약 아래 살고 있습니다. 행함으로 하나님의 의의 표준에 도달할 수 없다는 율법의 증거처럼 우리는 행함으로 새 언약 아래 있게 된 것이 아닙니다. 비록 우리가 우리 자신의 힘으로 율법을 순종하려고 하다가 하지 못할지라도, 주님은 그분께 순종할 수 있는 은혜를 주십니다. 하나님은 아무것도 받으시지 않으면서 언약을 세우실 뿐만 아니라, 우리가 받기를 원하시는 것을 주십니다. 만약 우리가 충분히 그분께 순종하기를 원하면, 그분은 우리에게 예비하신 것을 주심으로서 우리가 순종할 수 있게 하십니다. 우리가 그분의 언약에 동의하면, 그분은 그분이 소유하신 모든 것을 우리에게 주시며 우리를 그분의 자녀로 삼으십니다. 영원 전부터 지금까지 이러한 거래나 기회는 없었습니다.

우리 안에 거하시는 성령께 감사와 사랑을 표시합시다. 그분이 요구하시는 것은 단지 우리가 그분을 사랑하고 우리끼리 서로 사랑하는 것입니다. 어떻게 우리가 가장 영광스럽고 인자하시며 사랑이신 그분을 사랑하지 않을 수 있겠습니까? 어떻게 우리의 모든 것을 그분께 드려서 모든 것으로 그분을 기쁘게 하지 않을 수 있겠습니까?

DAY 50

바벨론으로부터 아브라함까지

"서로 말하되 자, 벽돌을 만들어 견고히 굽자 하고 이에 벽돌로 돌을 대신하며 역청으로 진흙을 대신하고 또 말하되 자, 성읍과 탑을 건설하여 그 탑 꼭대기를 하늘에 닿게 하여 우리 이름을 내고 온 지면에 흩어짐을 면하자 하였더니 여호와께서 사람들이 건설하는 그 성읍과 탑을 보려고 내려오셨더라 여호와께서 이르시되 이 무리가 한 족속이요 언어도 하나이므로 이같이 시작하였으니 이 후로는 그 하고자하는 일을 막을 수 없으리로다 자, 우리가 내려가서 거기서 그들의 언어를 혼잡하게 하여 그들이 서로 알아듣지 못하게 하자 하시고 여호와께서 거기서 그들을 온 지면에 흩으셨으므로 그들이 그 도시를 건설하기를 그쳤더라 그러므로 그 이름을 바벨이라 하니 이는 여호와께서 거기서 온 땅의 언어를 혼잡하게 하셨음이니라 여호와께서 거기서 그들을 온 지면에 흩으셨더라" (창 11:3-9)

에덴동산에서 두 씨가 사람으로부터 나올 것이라고 예언하였습니다. 하나는 뱀의 씨로 사람이 그의 음성을 듣고 복종했을 때 뱀의 본성이 사람에게 심겨진 것입니다. 다른 하나는 여자의 후손으로 여자에게서 나서 뱀의 머리를 부셔 버릴 그리스도가 오실 것을 예언한 것입니다. 처음 두 아들이 태어난 것에서 우리는 이 두 씨들의 본성이 시작되는 것을 볼 수 있습니다. 성경은 이 두 씨가 개발되어지는 것과 하나님께서 그것을 다루시는 역사입니다. 하나는 그리스도를 오시게 하고 다른 하나는 그것이 완전히 성숙하게 되면 적그리스도를 오게 합니다. 바벨탑의 이야기는 적그리스도가 오게 될 그 씨의 심오한 계시입니다. 이것은 요한계시록에 기록되어 있는 "바벨탑의 신비"의 근원이 됩니다.

우리는 에덴동산의 뱀을 생각할 때 가장 노골적으로 악의 모습으로 생각하는 경향이 있습니다. 그러나 죽음을 가져온 열매의 나무는 선악을 알게 하는 나무입니다. 선악을 알게 하는 나무의 선한 면은 악한 면과 똑같이 치명적이며, 악한 면보다 훨씬 더 현혹시키는 것 입니다. 사탄의 가장 현혹 시키는 모습은 "진리의 메신저"로도 번역이 가능한 "빛의 천사"(고후 11:14)로 가장한 것입니다. 사탄은 사탄이 종교적인 사람들을 통해 사역할 때 진리에 가장 큰 타격을 주게 됩니다. 이것이 바로 한 시대의 종교적인 사람들이 그리스도를 반대하는 이유입니다. 그러한 종교적인 사람들의 실제 본성은 대개 그들이 건설하려는 바벨탑에 의해 분별할 수 있습니다.

하늘에 닿는 바벨탑을 건설하려던 사람들의 목표는 고상한 것처럼 보입니다. 그러나 그들의 본질은 근본적으로 두 논쟁으로 나타났습니다. 첫 번째는 그들이 탑을 쌓으려는 이유입니다. 그것은 하나님과 가까워지려는 것이 아니고, 자신들의 이름을 내고 사람들을 함께 모으려는 프로젝트를 만들려는 것이었습니다. 두 번째로 드러나는 것은 그들이 탑을 건설하는 방법인데 그들은 그들의 지혜와 힘으로 그것을 건설하려고 하였습니다. 이것은 끊임없이 지속하려는 인간들이 자신의 지혜와 힘으로 하늘의 본성을 얻을 수 있다는 잘못된 억측에서 생겨난 결과입니다. 그러나 스가랴 4장 6절에서 주님께서 말씀하시듯이 "힘으로 되지 아니하며 능으로 되지 아니하고 오직 나의 영으로 되는 것"입니다.

바벨탑을 건설하던 사람들이 헛되게 찾던 것은 바로 하나님께서 우리에게 주시려는 것입니다. 하나님은 우리가 그분과 함께 하늘에서 함께 거하기를 원하십니다. 그러나 우리는 이것을 우리 자신의 힘으로 할 수 없습니다. 이를 행하려는 인간이 바보스럽게 보이겠지만, 인간은 그러한 탑을 쌓으려는 시도를 멈추지 않습니다. 크리스천들도 다른 사람들과 마찬가지로 이를 시도하려는 경향이 있습니다. 크리스천들이 자신들의 이름을 내고 사람들을 모으기 위해서 얼마나 어머어마한 성당들이나 전도 집회와 같은 프로젝트를 건설했습니까? 많은 사람들은 이러한 일들을 하나님께 도달하려거나 또는 하나님께서 받으시기를 원하며 행했습니다. 그러나 참된 사역은 하나님께 도달하기 위해 하지 않고 십자가를 통해 하나님께 도달된 곳으로부터 시작합니다. 참된 사역은 하나님에 의해 받아들여지도록 하는 것이 아니라 십자가를 통해 하나님께서 이미 받아들이신 곳에서부터 시작합니다.

바벨탑에 대한 주님의 반응은 사람들의 언어를 흩어놓아서 그들이 더 이상 쌓지 못하게 하는 것이었습니다. 그 프로젝트의 결과는 그들이 원했던 것과 정반대로 끝나버렸습니다. 크리스천으로 우리가 하려고 했던 많은 영적 프로젝트의 결과는 무엇이었습니까? 그것들이 바벨탑의 사건과 똑같지는 않았습니까? 현재 교회는 만 개가 넘는 교단과 영적 운동 그리고 '언어'로 분열되어 있습니다. 만약 그 동기가 이기적인 야망에 뿌리를 두고 있거나 또는 주 예수님이 아닌 어떤 것을 모이게 한다면, 우리가 하나님의 이름을 어떤 것에 갖다 붙여 보았자 별 소용이 없고 결국은 분열만 일으키게 할 뿐입니다. 사람을 모으거나 하늘로 가는 유일한 길은 그리스도이신 예수님에게 모이는 것입니다. 그분은 하늘에서 모든 통치권과 권세, 권능 위에 앉아 계십니다. 우리가 그분 안에 거하게 되면, 그곳이 우리가 있는 곳이고 거주하게 되는 곳입니다.

바벨탑 이야기 후에 우리는 바벨탑의 우매함에 대한 하나님의 반대되는 답을 아브라함에게서 찾을 수 있습니다.

"여호와께서 아브람에게 이르시되 너는 너의 고향과 친척과 아버지의 집을 떠나 내가 네게 보여 줄 땅으로 가라 내가 너로 큰 민족을 이루고 네게 복을 주어 네 이름을 창대하게 하리니 너는 복이 될지라 너를 축복하는 자에게는 내가 복을 내리고 너를 저주하는 자에게는 내가 저주하리니 땅의 모든 족속이 너로 말미암아 복을 얻을 것이라 하신지라"

(창 12:1-3)

믿음으로 아브라함은 바벨탑을 쌓던 사람들이 헛되게 자신들의 힘으로 성취하려고 했던 것을 얻었습니다. 믿음으로 아브라함은 모든 세대가 그 이름을 존경하는 복을 받았고, 때가 되면 모든 사람들이 모이게 될 하나님의 성(도시)을 선물로 받았습니다. 히브리서 11장 8-10절의 말씀에서 아브라함이 어떻게 이것을 이루었는지를 찾아 볼 수 있습니다.

"믿음으로 아브라함은 부르심을 받았을 때에 순종하여 장래의 유업으로 받을 땅에 나아갈새 갈 바를 알지 못하고 나아갔으며 믿음으로 그가 이방의 땅에 있는 것 같이 약속의 땅에 거류하여 동일한 약속을 유업으로 함께 받은 이삭 및 야곱과 더불어 장막에 거하였으니 이는 그가 하나님이 계획하시고 지으실 터가 있는 성을 바랐음이라"

아브라함은 어디로 가야 할지 몰랐지만, 분명하게 원하는 것을 알고 있었습니다. 아브라함의 믿음은 그가 부름을 받았을 때 순종한데서 찾아 볼 수 있습니다. 바벨의 사람들과는 정반대로 아브라함은 아무것도 짓지 않았습니다. 아브라함은 아주 큰 부자가 되어서 그 자신을 위해 도시를 건설할 수 있었지만, 죽을 때까지 장막 즉 텐트에서 생활하였습니다. 그는 이 땅의 도시를 바라지 않았고, 하늘의 것을 바랐습니다. 그는 지상의 거주지는 일시적인 것을 알았으며 그래서 장막에서 생활하는 것에 대해 심각하게 생각하지 않았습니다.

"너무 하늘의 마음을 가지고 있어서 지상의 것에는 좋지 않다"는 말이 있습니다. 듣기에 그럴듯한 말이지만, 사실은 그와 정반대가 맞는 말입니다. 만약 우리가 지상에 너무 마음을 두게 되면, 우리는 지상이나 하늘 모든 것에 적합하지 못하게 됩니다. 아브라함은 이 땅에서 외지 사람이요 낯선 사람이었습니다. 그의 삶의 목표는 하나님께서 세우시는 곳에 거주하는 것이었고 사람이 세우는 곳에 거주하는 것이 아니었습니다. 그의 초점의 삶은 하나님이었기 때문에 이 땅 위에 있는 모든 족속들에게 축복의 근원이 되었습니다. 마찬가지로 영원한 하나님의 목적에 자신을 허락한 자들은 이 땅에 마음을 둔 자들보다 훨씬 더 많은 것을 성취할 수 있습니다.

요한복음 8장 39절에는 바리새인과 예수님 사이의 아주 흥미로운 논쟁이 기록되어 있습니다. "대답하여 이르되 우리 아버지는 아브라함이라 하니 예수께서 이르시되 너희가 아브라함의 자손이면 아브라함이 행한 일들을 할 것이거늘" 사도 바울은 이를 갈라디아서 3장 6-7절에서 상세하게 설명하고 있습니다. "아브라함이 하나님을 믿으매 이것을 그에게 의로 정하셨다 함과 같으니라 그런즉 믿음으로 말미암은 자들은 아브라함의 자손인 줄 알지어다" 우리는 원래 믿음의 상속자가 아닙니다. 왜냐하면 우리가 알고 있는 것처럼 믿음으로 살아야 하기 때문입니다. 그러나 실제로 아브라함이 행한 것과 똑같이 행하는 믿음을 가짐으로 믿음의 상속자가 되는 것입니다. 우리는 주님께서 세우시는 것이 무엇인지 우리 스스로 찾아야 하고, 그것의 한 부분이 되기 위해 요구되어지는 것이라면 그것이 무엇이든지 희생해야 합니다.

아브라함은 그 당시 가장 위대한 문명을 가지고 살던 나라의 귀족 출신입니다. 그 나라는 그 당시 모든 문명보다 발달한 과학과 기술을 소유하고 있었습니다. 갈데아 인들은 세계의 가장 위대한 기적을 이루었지만, 아브라함의 마음은 인간이 건설했던 것보다 훨씬 더 큰 무엇인가의 부분이 되기 위해 불타고 있었습니다. 그는 그 당시 누릴 수 있는 최고의 삶을 알지 못하는 곳에 있던 주님의 뜻을 찾기 위해 모두 버리고 떠남으로 하나님을 믿었습니다. 믿음은 다른 사람들이 보는 그 이상의 것을 보는 것입니다. 믿음은 마음의 눈으로 보는 것이며, 육신의 눈으로 본 것보다 마음의 눈으로 본 것을 쫓아가는 것입니다.

왜 믿음이 하나님께 그렇게 중요할까요? 왜 그분은 그냥 드러내시지 않고 그분이 원하는 것을 분명하게 밝히지 않습니까? 왜냐하면 그분은 그분의 독생자와 함께 상속자가 될 아들들과 딸들을 찾고 계시기 때문입니다. 인간의 타락은 하나님을 의심스럽게 만들었고, 그분을 믿을 때만 그분은 우리를 회복시켜 주십니다. 참된 믿음은 마음으로부터 일어나는 것이지 머리로부터 일어나는 것이 아닙니다.

사탄은 하나님의 보좌의 장소에 거주했고, 사탄은 하나님의 모든 영광을 보았지만 그래도 타락했습니다. 단순히 주님을 보는 것만으로는 타락하는 것을 막을 수 없습니다. 그분의 유업을 함께 받는 자인 우리에게 그분은 우리를 신뢰하여 사탄이 여태껏 가졌던 것보다 더 강력한 능력을 주십니다. 이제 우리는 믿음과 순종으로 우리가 진리를 사랑하고 우리 자신의 삶 보다 그분을 더 사랑한다는 것을 증명하였습니다.

사탄의 경우처럼 우리가 주님의 영광을 바라보아도 타락할 수 있기에, 그분의 영광을 바라보면서 그분께 예배하지 않을 수 없습니다. 영원토록 모든 피조물들이 그분의 아들들과 딸들이 그분께 경배하고 그분의 진리로 서며, 악한 자의 능력 아래 있는 세상을 대적하는 것을 알게 될 것입니다. 타락 후에 사탄은 심지어 완전한 세상에서도 인간이 하나님께 반역하는 것을 선택했다고 자랑할 것입니다. 그렇게 함으로 자신의 반역을 합리화시킵니다. 그러나 지금 심지어 사탄의 주관자들과 능력자들이 가장 불완전한 세상에서 지옥의 분노가 그들에게 향하고 자신들의 생명을 잃는다 해도 주님을 사랑하고 순종하는 자들은 끊임없이 복음을 증거하고 있습니다. 모든 피조물들이 그들이 합당하다고 증거 하게 될 것입니다.

그러므로 부르심에 합당한 삶을 사십시오. 하나님을 믿으십시오. 그분께 순종하십시오. 그분의 복음을 위해 모든 것을 행하시고, 그리스도의 사랑이 여러분을 지배하도록 하십시오. 그분은 우리가 순종하고 믿기에 합당하신 분입니다.

"이러므로 우리도 항상 너희를 위하여 기도함은 우리 하나님이 너희를 그 부르심에 합당한 자로 여기시고 모든 선을 기뻐함과 믿음의 역사를 능력으로 이루게 하시고 우리 하나님과 주 예수 그리스도의 은혜대로 우리 주 예수의 이름이 너희 가운데서 영광을 받으시고 너희도 그 안에서 영광을 받게 하려 함이라" (살후 1:11-12)

"생각하건대 현재의 고난은 장차 우리에게 나타날 영광과 비교할 수 없도다 피조물이 고대하는 바는 하나님의 아들들의 나타나는 것이니 피조물이 허무한 데 굴복하는 것은 자기 뜻이 아니요 오직 굴복하게 하시는 이로 말미암음이라 그 바라는 것은 피조물도 썩어짐의 종노릇 한 데서 해방되어 하나님의 자녀들의 영광의 자유에 이르는 것이니라 피조물이 다 이제까지 함께 탄식하며 함께 고통을 겪고 있는 것을 우리가 아느니라 그뿐 아니라 또한 우리 곧 성령의 처음 익은 열매를 받은 우리까지도 속으로 탄식하여 양자 될 것 곧 우리 몸의 속량을 기다리느니라 우리가 소망으로 구원을 얻었으매 보이는 소망이 소망이 아니니 보는 것을 누가 바라리요 만일 우리가 보지 못하는 것을 바라면 참음으로 기다릴지니라" (롬 8:18-25)

당신의 삶을 바꾸는 50일

비전 가지기 *(vol. 1)*

인쇄일	2007년 10월 10일
발행일	2007년 10월 20일
지은이	릭조이너
엮은이	정한출
펴낸이	장사경
편집장	강연순
해외마케팅 팀장	장미야
영업부장	한영휴
영업마케팅	김호련
편집디자인	이윤화, 서진희
경영총무	조자숙
펴낸곳	Grace Publisher(은혜출판사)

주소 서울 종로구 숭인2동 178-94
전화 (02) 744-4029 팩스 744-6578
출판등록 제 1-618호.(1988. 1. 7)

ⓒ 2007 Grace Publisher, Printed in Korea
　　ISBN 978-89-7917-810-4　04230
　　ISBN 978-89-7917-809-8　(세트)

이 출판물은 저작권법에 의해 보호를 받는 저작물이므로 무단 전제와 무단 복제를 할 수 없습니다.